運氣好的人

原來這樣思考，這樣行動

中野信子 著
陳亦苓 譯

新版 科学がつきとめた「運のいい人」

新版序

大家身邊是否也有「幸運的人」存在呢？

看似毫無特別之處，生活卻一帆風順，旁人只能用「走運」來形容。

看到這種人，你會不會覺得：「那個人眞是『幸運』啊。但『幸不幸運』不是自己能決定的，所以我沒那麼『幸運』也是無可奈何的事。」

但眞是如此嗎？

松下幸之助[1]創立了跨國企業Panasonic的前身松下電器製作所，被譽

1 松下幸之助（一八九四～一九八九），橫跨明治、大正、昭和以及平成四世代的日本企業家，松下電器、松下政經塾與ＰＨＰ研究所的創辦者。個人財產估計約五千億日元（五十億美元）。

爲「經營之神」。沒財產也沒人脈，卻能白手起家，把地方小工廠發展成大企業；從這個角度來看，松下幸之助可說是日本最幸運的人之一。

據說，他在每次面試的最後，一定會問應試者一個問題：「你覺得自己幸運嗎？」

只有回答「是的，我很幸運」的人，才會被他所雇用。

原因就在於，覺得自己「幸運」的人，不會因爲遭遇些許逆境就放棄或灰心喪志，反而會積極面對困難、克服困難。

他們總是能相信自己，認爲「我運氣很好，所以絕對沒問題」。

從松下幸之助問的這個問題可以得知，所謂的「幸運」並非與生俱來，而是會「隨著當事人的思維及行爲模式而改變」。

幸運的人具備共通的思維與行為模式。有一些行為舉止能夠改善人的運氣，而且運氣是能夠控制的。

若是有能讓「運氣變好」的思維及行爲模式存在，那麼，只要讓自己的大腦養成那樣的思維及行爲模式，你也會變得幸運。是的，只要讓你的大腦變成能帶來好運的「幸運腦」就行了。

本書便是基於此概念，從大腦科學的角度出發，深入探究能夠改善運氣的方法，並爲各位介紹可讓自己的大腦變成「幸運腦」的訣竅。

透過本書，讓自己變成「運氣好的人」吧！

中野信子

前言
運氣好的人都是怎樣的人？

開車時，如果一路都是綠燈，就會覺得「Lucky」。

在超市排隊等結帳時，若只有自己排的那一列順暢地前進著，會覺得「運氣變好的」。

參加抽獎活動，碰巧抽中豪華商品，開心之餘，也擔心把好運都用在這種地方眞的可以嗎？

就像這樣，我們總是會在心裡的某處意識到運氣的存在，並祈求「希望運氣能變好」。

那麼，要如何才能讓運氣變好呢？

是怎樣的人，能讓幸運之神站在自己這邊呢？

本書就是要盡可能以科學的方式來接近運氣。

我在東京大學研究所的醫學研究科主修腦神經醫學，之後直到二〇一〇年爲止都待在法國的薩克雷核研究中心[2]，現在則以自由工作者的身分繼續進行大腦的相關研究。

運氣乍聽之下不是很科學，但竟然有科學家在研究它，或許會讓人覺得有些不可思議。其實看似不科學的事物，一旦經過仔細的檢視、思考、處理，有時會意外發現有科學的部分潛藏在其中。

幸運的人常常這樣說：「最好大聲叫出『好幸運』、『我走運了』。」「把夢想、目標或想要的東西寫在紙上貼出來，就會實現。」「要爲他人著想、感謝他人。」

這些大多都是基於經驗，幾乎沒有任何科學根據。然而這些人的運氣確實很不錯，這到底是爲什麼呢？

話說回來，你心目中運氣好的人，是怎樣的人呢？經濟上很富裕的人？做著自己喜歡的工作的人？健康長壽的人？能與所愛的人一同生活的人？活得自由自在的人？

每個人的想法都不盡相同，不過，從科學的觀點來思考，「生存」可說是一大關鍵詞。

在生物學上有所謂「適者生存」的概念，意即「最適合環境的生物會生存下來」。此概念影響了查爾斯．達爾文[3]建立演化論的過程，最有名的例子，就是「長頸鹿的脖子」。

---

2 法國原子能和替代能源委員會（CEA）十大研究中心之一。該中心既是原子能署的行政總部，也是核能、生物、材料、氣候和環境領域的培訓和研究中心。

3 查爾斯．達爾文（Charles R. Darwin，一八〇九～一八八二），英國博物學家、地質學家和生物學家，最著名的研究成果是物競天擇演化論。

長頸鹿的脖子爲什麼那麼長？用適者生存的概念來想，脖子長就看得遠，可以保護自己免受外敵侵襲，而且可以更輕鬆地吃到高大樹木上的葉子。也就是說，「長頸鹿所處的環境，導致牠們的脖子變長了」。

而與此相對立的，是「幸者生存」的概念。**所謂的幸者生存，是一種中立的演化論，正如其字面意義，意思是「幸運者會生存下來」**。從幸者生存的角度思考，就變成「幸運存活下來的長頸鹿恰巧脖子長」。

儘管長頸鹿脖子變長的確切理由，至今尚未釐清（依據適者生存的概念，長頸鹿的脖子應該是逐漸變長，直到成爲現今的長度；但目前並未發現變長過程中的化石），不過，單就長頸鹿的脖子而言，適者生存的論點或許會讓人覺得比較有說服力。

那麼，這個例子又該如何解釋呢？據說曼波魚一次能生出約兩億七千萬顆卵，而其中能夠長大到生育年齡的，只有一至兩隻左右。

依據適者生存的概念解釋，便是「生存下來的那一隻，比其餘的兩億六千九百九十九萬九千九百九十九顆卵更適合環境」；但依據幸者生存的概念，則是「生存下來的那一隻，比其餘的兩億六千九百九十九萬九千九百九十九顆卵更幸運」。

我認爲在無數多的魚卵中，僅僅只有一隻（或兩隻）具有遺傳上的合適性，是非常奇怪而不自然的。這一隻之所以能存活下來，肯定只是因爲運氣好而已。

從長時間及物種存續等宏觀角度來看，終究還是適者生存論比較能妥善解釋這類現象。但若是觀察「人的一生」等較短期間，或以小規模來觀察現象時，適用幸者生存的例子並不在少數。

若說是幸者生存的話，或許有人會認爲自己無能爲力，而感到茫然吧。

在曼波魚的魚卵中，只有剛好沒遇到外敵、恰巧逃過外敵攻擊、食物充足無虞等等，有著一連串好運的那一隻才得以倖存。每一顆魚卵的運氣都已註定，其中運氣最好的那個才能夠存活下來……聽起來就像是「任由命運擺佈」，因爲感覺上，魚卵似乎無法干預這個過程。

你或許也會覺得，人類的運氣也只能任由擺佈，不是努力就能達成的、而是無能爲力的。但我不這麼認爲。

我認為，幸運和不幸，是公平地發生在每個人身上的。而人類，至少能夠積極自主地干預運氣的利用方式。

首先讓我們來思考「幸運和不幸會公平地發生在每個人身上」這件事。

在數學中，有一種叫做「隨機漫步模型」（Random Walk）[4]的理論。

規定丟擲硬幣時，出現正面就將座標位置+1，出現背面則將座標位置-1。然後實際丟擲硬幣1萬次，並將最後的位置標示在座標軸上。結果發現，實際上座標位置完全歸零的狀況幾乎不會發生，大多都落在正200至300、負200至300左右的位置。而1萬次都爲正或都爲負的狀況，也鮮少發生。

運氣也是如此。有些人可能會覺得自己過去一直都很倒楣或很幸運，也有很多人認爲在自己的一生中，好運與壞運約莫是一半一半。但若以隨機漫步爲假設前提，那麼，**在人生這個有限期間內的隨機結果，是會在某種程度上偏向某一方的。但，極端負值或極端正值的人非常少見，幾乎可說是並不存在**。

而且，從腦科學的角度來看，持續負了一陣子就會覺得倒楣，持續正了幾次就會覺得走運，這是人類的天性。

明明實際上是隨機的，但若是連續5次以上都出現正值，我們的大腦就會開始覺得連續正值的次數似乎太多了。人腦就是很難接受連續的正或負都只是偶然的結果，即使小心冷靜地重新審視，還是會覺得有所偏差。這樣的錯誤思考，就叫做「誤差」。

大家應該都知道「錯覺」現象。例如，先畫出數條平行的橫線，然後

4　一九〇五年由數學家卡爾．皮爾森（Karl Pearson）於《自然》（Nature）中提出的數學統計模型。

在橫線的上、下方錯開繪製黑色與白色的正方形。結果一開始畫的、本應是平行的線段，看起來就變得歪七扭八。再怎麼冷靜地審視，看起來依舊是歪斜的。

這是被稱做「明斯特伯格錯覺」（Münsterberg illusion）[5]的著名錯覺。而觀察發生在人生中的事件時，類似的機制也會發揮作用。換言之，所謂的運氣好、運氣差，都只是大腦的看法。如果冷靜透徹地僅針對現象層面進行分析，就會發現那些也都只是錯覺而已。

這時，想必很多人會說：「話是這麼講沒錯，但世上終究還是有幸運的人，而我也想成爲那樣的人。」我想這正是您選中本書的理由。

其實在這部分，腦科學還有更進一步的涉入，且「運氣好壞」的秘密就藏在其中。而我將在書中逐步揭開這個秘密。

接下來，讓我們把話題切換到大腦所認知的「好運與壞運」。

首先，有個重點必須記住，那就是實際上我們身邊都存在著無數多「看不見」的好運與壞運。

假設有個信封掉在你每天上班的路上，裡頭裝了100萬元。但剛好就在這天，你覺得「今天起得比較早，那就提早一站下車，多走一站的距離去上班好了」，於是走了和平常不同的路線。

若是沿著平常走的路線，或許你就會撿到裝了100萬元的信封。可能會送去派出所，但因爲失主沒出現，結果獲得了一成的報酬。

因爲走了和平常不同的路線而錯失好運，但你本人並不知情。

或者，若你走了平常走的路線，可能會遇到不想遇到的人，或是發生踢到石頭被絆倒等倒楣事。但走了和平常不同路線的你，並不知道自己躲過了那些厄運。

5　一八九四年由心理學家雨果・明斯特伯格（Hugo Münsterberg）首次提出，又稱「咖啡牆錯覺」（The café wall illusion）。

我們總是只注意到眼前看得見的好運與壞運，然後說出「眞幸運」、「眞倒楣」。然而，另一邊其實存在著好幾倍，甚至好幾十倍，無法得知、也無法驗證的好運與壞運。若把那些也都包括在內，就會發現，實際上運氣是公平地降臨在每個人身上的。

那麼，爲什麼有的人看起來運氣好，有的人卻顯得運氣差呢？

非常粗略地說，所謂運氣好的人，就是能夠抓到比較多「公平降臨在每人身上」的好運的人，或是能避開較多厄運的人，又或是能把厄運變成好運的人。

而所謂運氣差的人則相反，是容易錯失好運、抓到厄運的人，又或是無法把厄運變成好運的人。

此外，仔細觀察被說運氣好的那些人，便能看出一些共通的行為模式，或對事物的看法。

也就是說，運氣好的人並不是單純「受到幸運之神的眷顧」，而是採取了能抓住好運、避免厄運的行爲模式與想法（運氣差的人則具有相反的行爲模式及想法）。

但那種行爲和思考爲何能夠抓住好運、避免厄運呢？一旦深入探究這部分，便意外出現了許多能以科學解釋的事。

不論是大聲說出「好幸運！我走運了」；還是把夢想或目標、想要的東西寫在紙上貼出來；又或是為他人著想、感謝他人等，這些行為會帶來好處的理由，都能用科學來解釋。

因此，本書便要以腦科學的知識為基礎，來說明包括以上在內的、從今天開始就能做的一些可改善運氣的行為與思考方式。

其中應該也會有一些行爲與思維，是你過去曾在某處聽過的。我有自信地認爲，本書基於科學根據而非經驗的說明方式，應該會更具說服力，更能激發各位的熱情與動力。

附帶一提，美國佛羅里達大學團隊的研究結果顯示「幸福的人往往能獲得更多賺錢的機會」。當我們看到那些不需要爲錢煩惱的人時，總以爲「他們是因爲有錢所以幸福」，然而實際上，他們可能是「因爲幸福所以才有錢」。

這與運氣好的人的行爲和思考方式，及其與運氣的關聯性，也有相似之處。若仔細觀察運氣好的人的行爲及思維，便會發現那些終究都會帶來更美好的生活。

例如，運氣好的人很珍惜自己。他們不被社會大衆的主流想法牽著鼻子走，而是能重視自己的價值觀，尊重自己。此外，他們也具有更多的同理心。任何時候都不選擇讓自己成爲唯一的贏家，而是爲他人著想，以與他人共存爲目標。

整體而言，就是活得更好。

反過來說，正因為活得更好，所以幸運之神也選擇站在他們那邊。

接下來，在這本書中，我將於提出相關科學證據的同時，爲各位介紹能改善運氣的具體方式。實行這些，想必能讓人過得更好。

雖說運氣可能不會因爲稍微改變了平常的行爲與思考方式，就突然變好；但只要每天一點一滴地累積，比今天更好一點的明天、比明天更好一點的後天，肯定就會到來。然後某天你便會發現，你的生活方式正在改變，而幸運之神也開始站在你這邊。

是的，我如此深信。

目錄
contents

第 1 章

運氣好的人會
把自己放在世界中心

法則 1

運氣好的人會
充分發揮現在的自己

當你希望自己幸運的時候，是否就會想努力改變呢？

例如，認爲幸運是指「經濟條件有優勢」的人，就會努力讓自己的經濟狀況變好。認爲幸運是指「能夠健康長壽」的人，則會努力維持身體強壯。我們往往會爲了變成自己所認爲的「運氣好的人」，而認眞學習、轉換環境，努力改變現狀。

但這方式或許不是很正確。因爲我認爲，**為了成為運氣好的人而去改變自己的努力方式，乍看下彷彿朝著幸運前進，其實是在繞路。甚至，可能還會離幸運愈來愈遠。**

這是因爲每個人的大腦都各有個性和特色，而大腦很大程度上影響了我們的性格。

例如，大腦裡存在著血清素（Serotonin）、多巴胺（Dopamine）、正腎上腺素（Norepinephrine，去甲基腎上腺素）等神經傳導物質，它們能激發情緒，影響心情。血清素能夠抑制大腦的過度興奮與活動，進而帶來安全感、穩定感、平靜感；多巴胺是「幹勁」的基礎，可在我們採取行動時提高動機；正腎上腺素能夠提升專注力。而這些物質，在數量上會有個體差異。

這些都是身爲人類的我們要過上健康生活必不可少的物質，可是一旦過多，就會對大腦和身體造成不良影響。因此，神經細胞中有一種叫「單胺氧化酶」（ＭＡＯ）的物質，能分解血清素、多巴胺、正腎上腺素，以調節其總量。根據遺傳，這種酶的分解程度存在個體差異，因此創造出了大腦的個性。

在女性中，若是此分解程度較低的話，會比較容易產生幸福感。其中分解程度特別低的人，除了擁有高度的幸福感之外，還容易出現如援助交際等行爲。

有高度的幸福感，卻容易出現違背社會常識的行爲，乍聽之下似乎很矛盾。事實上，單胺氧化酶的分解程度低，就等於血清素的分泌量高；血清素一多，便會產生安全、穩定感，不容易焦慮。

人只有在有能力思考未來時，才會產生焦慮感；沒有在思考未來，就不會感到焦慮。換言之，由於血清素分泌過多，因而不考慮未來，於是容易出現「沒有明天」般的行爲。

而在男性方面，單胺氧化酶的分解程度低，則是會導致其較具攻擊性。

就像這樣，我們的大腦有著無法改變、與生俱來的個性。

雖然可以透過察覺自己的大腦特性，在一定程度上抑制其發揮，例如：「我是不太考慮未來的那種人，所以要試著每天至少認眞思考一次。」

然而，我們無法徹底改變大腦的性格。也就是說，我們往往會因爲「希望成爲幸運兒」而努力改變自己，但改變自己是極爲艱難的任務，不是那麼輕易就能做到的事。

所以，請試著稍微換個角度，不要試圖改變，而是要考慮「充分發揮現在的自己」。

具高度幸福感、容易出現違背社會常識行爲的類型，倒過來說，就是「天不怕地不怕」。這樣的性格，可在業務或大型金融交易等工作上有所發揮，或是給予容易焦慮不安的人積極正面的鼓勵。

而具攻擊性的類型，或許能在律師等需要唇槍舌戰的職業領域中發揮實力，在組織裡很適合擔任與處理對外關係相關的職務。

自己所具有的正向要素就不用說了，即使是看似負面的要素，也要把它當成一種資質、天賦，努力控制和發揮。

即使偏離社會標準，但若覺得舒服自在的話，就好好利用這個特性。例如無法上學或上班的人，與其勉強自己去學校或公司，還不如想想看「不去才能做到的事」是什麼。

不需迎合社會的標準，最重要的是自己的身體、想法、價值觀、直覺等等。不是試圖學習、獲得新東西，而是要把已經被賦予的事物徹底發揮出來，也就是接下來要談的「珍惜自己」。

我認爲這是成爲運氣好的人，絕對必要的條件。所以，請先想想看要如何做到這件事。

法則 2

運氣好的人會珍惜自己

珍惜自己。這是上一章「發揮現在的自己」的延伸，而每個幸運的人都肯定有在實踐這點。

假設早上穿襪子的時候，發現襪子破了個小洞。這種時候，運氣好的人不會有「反正今天不會在外頭脫鞋子，就這樣穿著吧」之類的想法，而會好好地換一雙襪子穿。

或者一個人吃飯的時候，運氣好的人不會想著「吃個便利商店的便當就算了」。他們會去用心料理餐點的餐廳吃飯，或是簡單地做一份餐食。

也就是說，他們不會糟蹋自己，而會珍惜自己。

幸運的人，會和尊重他人一樣尊重自己。

之前我閱讀娜汀．羅斯柴爾德[1]的著作《Le Bonheur de séduire, l'art de réussir: Le Savoir-vivre du XXIe siècle（暫譯：勾引幸福，是成功的藝術：二十一世紀禮儀）》時，就覺得「果然如此」。

娜汀．羅斯柴爾德原本是法國巴黎一家小劇場的女演員。她生長於貧窮的家庭中，中學一畢業就離家到印刷廠及地方小工廠等處拼命工作。不久後，她成了劇場女演員，但既非人氣巨星，也不是人見人愛的美女。

這樣的她，有一天卻遇見了羅斯柴爾德家的中心人物之一，世界級大富豪愛德蒙．羅斯柴爾德男爵，並與其結婚、踏入了美麗奢華的世界。

那個世界超越了她從小的夢想。她可以稱得上是讓幸運之神站在自己這邊的女子。

而娜汀在著作中所闡述的，正是「你該做的第一件事，就是把心思放在自己身上」。她更說，「如果你一個人住，就該經常把房間整理得乾淨整齊。即使是自己一個人喝茶，也別隨便用個杯緣有缺口的杯子，請拿出你最好的杯子來喝。如果是一個人在家吃晚餐，那麼，回家前可以爲自己買一束鮮花以及一份美味的甜點。」

換言之，就是要愛自己、照顧好自己。

讀到這段文字時，我深深覺得「幸運的人果然都很珍惜自己」！

那麼，爲什麼珍惜自己能夠帶來好運呢？

能否與周遭建立良好的人際關係，大大左右了一個人的運氣好壞。珍惜自己的人，也會被珍惜；反之，糟蹋自己的人，也會被糟蹋。

1 娜汀．羅斯柴爾德（Nadine De Rothschild，一九三二～），法國作家、前演員、羅斯柴爾德家族法國分支成員。

假設你面前有兩台車。其中一台擦得亮晶晶，另一台則是髒兮兮的，車身上還有被撞凹的痕跡。若被要求「請拿棍子在這兩台車中選一台使勁猛砸」的話，你會選哪一台呢？

我想，多數人大概都會選擇髒兮兮的那台。

這在心理學中，也被稱做「破窗效應」（Broken Windows Theory）[2]，亦即一旦有某種失序的狀況存在，人們往往就會理所當然地予以認可。

例如，人在乾淨的街道上會不好意思亂丟垃圾，但在滿是垃圾的骯髒路邊就會覺得「隨手丟個垃圾應該還好吧」。一旦有個地方已經失序，對要再讓它更亂的心理抗拒便會降低。

同樣的現象也會發生在我們自己身上。人們若要糟蹋很珍惜自己的人，總會有所抗拒；然而，對於那些自我糟蹋的人，就會覺得似乎也可以同樣地糟蹋他們。面對打扮很體面的人，說起話總會不由自主地謙恭有禮起來；但面對穿著邋遢的人，就很難產生這種反應。

也就是說，若想被其他人珍惜、善待，並與周遭的人們建立良好的人際關係，就必須先珍惜、善待自己，如娜汀所說的一樣，「先把心思放在自己身上」。

2 一九八二年由詹姆士・威爾遜（James Q. Wilson）及喬治・凱林（George L. Kelling）於《大西洋月刊》（The Atlantic Monthly）提出的犯罪心理學理論，說明「輕微的犯罪所創造的環境，會鼓勵、製造出嚴重犯罪」。

法則 3

運氣好的人會有自己「衡量幸福的標準」

所謂有「衡量幸福的標準」，就是知道什麼樣的狀態會讓自己感到舒適自在，亦即充分了解在怎樣的狀態下自己會覺得幸福。

有些人覺得在咖啡廳裡看書的時光最爲放鬆，有些人則認爲房間乾淨整齊的狀態令人舒心。有些人喜歡和自家狗狗共度時光，有些人則覺得運動比什麼都更開心有趣，也可能有人覺得工作或念書的時候最快樂。「衡量幸福的標準」因人而異。

要能獲得好運，擁有屬於自己的「幸福標準」非常重要。必須注意的是，不能用別人的標準，而是要用自己的標準來衡量。**關鍵就在於不要為普世價值觀或他人意見所迷惑，以自己的價值觀來掌握屬於自己的幸福。**

如上一篇所提及，娜汀・羅斯柴爾德曾說過：「即使是自己一個人喝茶，也別隨便用個杯緣有缺口的杯子，請拿出你最好的杯子來喝。」但若那個杯緣有缺口的杯子是某個重要的人送的禮物、是你多年來持續愛用的珍寶，而用那個杯子喝茶的時光非常愉快的話，持續使用下去也無妨。

不過若是娜汀的話，可能會斬釘截鐵地表示：「就算如此，我也不會用杯緣有缺口的杯子！」吧。用不用杯緣有缺口的杯子因人而異，重要的是，你必須徹底釐清自己內心深處的感受及大腦如何反應，然後依此行動。

要根據自己的標準，而非他人的標準來行動。別管別人怎麼想，要做自己打從心底感覺「舒適自在」、「開心愉快」的事。

運氣好的人，會積極努力地製造出對自己來說，舒適自在、開心愉快的狀態。

這爲什麼和運氣有關呢？

其實，「衡量幸福的標準」也具有吸引人的力量。

人類的大腦裡有一種會產生「愉悅感」的獎勵系統迴路。這是存在於大腦中相對深處的一個迴路，包括了：外側下視丘、視丘、前腦內側神經束、中腦腹側、尾狀核等，是與產生愉悅感有關之部分的總稱。這個部分一旦受到刺激，人便會感到快樂。除了食慾及性慾等本能欲望之外，也包含如助人等社會行爲，採取「讓自己感覺良好」的行動後，就會開始運作。

積極製造令自己舒適自在、開心愉快狀態的人，等於是在不斷地刺激這個獎勵系統。能夠妥善操控自身獎勵系統的人，也就是對自己的狀態感到滿意的人。沉浸在此狀態時，可說是人們感到最幸福的時候。那是會讓人忘記「眞想再△△一點」、「如果能更△△就好了」等欲望，而只感覺到

「眞好」、「眞舒暢」的一刻。在那瞬間，你甚至會覺得自己已別無所求。

總是努力製造愉悅（刺激獎勵系統）的人，換言之，就是處於心理學上「一致性」（Congruence）[3]狀態的人。

所謂的一致性，就是理想中認為「這樣才好、應該要這樣」的狀態，和真實的自己一致。能接受自己原來的姿態，更簡單地說，就是喜歡、愛、認同自己。沒有希望自己更聰明、希望工作更有成就、希望身材更好……等，而是覺得現在的自己就很好。

處於一致狀態的人，具有吸引他人的能力。他們完全沒有「眞想再△△一點」、「如果能更△△就好了」等積極強勢的想法，所以跟他們在一起非常輕鬆。而且由於他們總是愉悅，因此，跟他們在一起也會變得開心。

3 一九五九年由卡爾・羅傑斯（Carl R. Rogers）提出。

此外，自我一致的人，還具有「能眞誠傾聽他人說話」的特質。即使說話的人心情多少有些波動，也有餘力能予以吸收——這種人怎麼可能不討人喜歡？

運氣好的人，能夠擁有屬於自己的「衡量幸福的標準」，並且積極製造出那種幸福狀態，進而達到一致性（愛自己）的境界，最終受人喜愛。

法則 4

運氣好的人會把自己置於常識之上

認眞、不懂得懷疑別人、能眞誠傾聽他人說話，又具有強烈的責任感。如果身邊有這種人存在，你或許會覺得他很不錯。但，其實這樣的人也可說是兼具了倒楣鬼的要素。

這世上，有在薪資和工時等勞動條件方面違反勞基法的「黑心企業」存在。我曾讀過一篇與某黑心企業老闆有關的文章，根據該文的敘述，這位老闆總是雇用「好用的人才」。他所認爲的「好用人才」的部分特性，正是「認眞、不懂得懷疑別人、眞誠傾聽他人說話、有強烈的責任感」。

一般應該都會覺得這是理想的優秀人才吧。但我在閱讀這篇文章時，卻不禁認同這類人的確會被黑心企業給吃乾抹淨。

爲何那些具有常識上被認爲是理想性格的人，會成爲倒楣鬼呢？

所謂認眞，某意義上是讓自己符合社會規範。不懂得懷疑別人、眞誠傾聽他人說話，某意義上是沒有「自我」，也就是並不珍惜自己。

一個傾向於讓自己符合社會規則、沒有自我的人，若是再發揮責任感的話，又會變成怎樣呢？

這樣的人，即使發現自己進入的企業有些不對勁、待得不是很自在，也遲遲無法辭職。因爲他們會覺得其他員工都這麼拼命努力，自己卻辭職逃跑，這樣不僅對不起大家，也無法盡到責任。他們誤解了責任感的用途。

即使是普遍被認定爲理想的事，如果運用不當，也會產生負面效果。

那麼，到底該如何運用常識才好呢？

我們必須把社會上的規則或常識視爲「相對」而非「絕對」正確。當然，在多數情況下我們必須遵守它。但請不要忘記，也有一些時候，依狀況自行行動而不採用他人意見，才是好的做法。

最重要的是「不要把社會上的規則與常識置於自己之前」，而要想「最該珍惜的還是自己」。

順道補充，傾向於全盤接受社會規則與常識的人，很可能也比較缺乏對新奇事物的探索性。

人類具有無法滿足於日常生活、想瞭解新事物、能感受到學習新事物樂趣的天性，我稱之爲「新奇探索性」。新奇探索性取決於遺傳，每人程度不同。

例如去便利商店買飲料時，會想嘗試新口味產品的人，新奇探索性通常較高，總是固定買烏龍茶的人則較低。每當新的電子產品或新手機上市便立刻跟風購買的人新奇探索性高，遲遲不換新機的人則較低。

新奇探索性偏低的人，一旦相信社會規則與常識是正確的，往往就會一直遵守下去，容易重視規則與常識更甚於自己。

雖然與生俱來的新奇探索性高低度無法更改，但我們可透過有所自覺，而在一定程度上改變。例如購買寶特瓶飲料時，若發現自己總是買同樣的口味，就該意識到「我的新奇探索性偏低」。而這便能幫助你改變自己的行爲，像是「下次買寶特瓶飲料時，我要勇敢嘗試新口味」，或「我很容易就全盤接受社會規範與常識，要多注意才好」等等。

你的新奇探索性是高還是低呢？若覺得自己的新奇探索性偏低，不妨好好檢視一下你是否重視社會的規則與常識甚於自己。

法則 5

運氣好的人會馬馬虎虎地過生活

馬馬虎虎地過生活？是不是讓你很意外呢？

其實，這也是一種珍惜自己的生活方式。

馬馬虎虎的相反就是「認眞」，對吧？前一篇已提過一些認眞會帶來的弊病，而這一篇，就讓我們進一步仔細想想，馬馬虎虎能帶來什麼好處。

以前我曾在網路上看過東京山手線電車行駛的影片。影片的拍攝者坐在最前面的車廂中，拍下了行經新宿與澀谷車站之間時，從駕駛座所看見的風景。影片分別在四班不同時刻從新宿車站出發的列車上拍攝，並將四班車的影片剪接在一個畫面中，呈現出同時播放的狀態。因此從風景的流動快慢，便能看出四台列車的行駛速度有多大差異。

看了該影片後，我非常驚訝。四台列車的行駛速度幾乎沒有不同，就算有差異，也只在數秒之內。以列車進入代代木車站的時間點來說，其中兩台列車幾乎是同時，而另外兩台也不過晚了幾秒鐘而已。

這位拍攝者甚至還連著好幾天搭乘山手線繞了整圈，記下其行駛時間。結果最快的一次費時60分10秒，最慢的一次費時60分25秒，差距僅15秒。

我和研究中心的同事一起看了這個網站。身爲法國人的他，看到這個影片後嘆了口氣，說：「眞是太瘋狂了……」

這也難怪。我在法國的研究中心工作時每天坐電車通勤，從日本的標準來看，法國鐵路的運作可說是相當馬虎隨便，罷工的頻率高到令人難以置信，還會原因不明地突然停駛，甚至三不五時來個過站不停。雖然對使用者來說非常不便，不過，這就是法國的特色。如果能夠享受因電車停駛而突然降臨的、有如獎勵般的假期，並覺得可以好好利用這一天來豐富自己的話，其實也挺好的。

日本和法國的電車呈現出強烈對比。若日本的電車是「精準」（或「認眞」）的話，法國的電車就是（對法國的朋友們有點不好意思）「馬虎」、「隨便」。

不過，如果把電車的對比替換爲人的生活方式，我倒覺得法國電車是比較珍惜、重視自己的生活方式。

就拿爲公司加班這件事來說。總是在加班、一直勤奮工作的人，可算是認眞的人；而馬虎隨便的人，則是一完成自己的工作，就毫無顧忌地立刻下班和另一半去喝一杯的人。

在公司的框架中，認眞的人想必通常比較受歡迎。但如果跳出員工的身分來看，又是如何呢？

在認眞的人之中，也有一些人只是因爲「主管和同事都還沒下班，只有我一個人下班不太好」這種理由而持續加班。這種人乍看「認眞」，但實際上只是受到周遭價值觀的束縛罷了。至今仍有一些公司存在有工時長的員工比較優秀的想法，這些人被此觀念束縛，失去了自我的價值觀，等於親手殺了自己。

而「親手殺了自己」的人，往往也會「被別人殺掉」。這正是他們被黑心企業無意義地壓榨、利用的根本原因。

馬虎隨便的人或許有些部分偏離了公司的標準，但他們是依據自己的價值觀、自己想做的事來行動。由於他們沒有「親手殺了自己」，所以也不會「被別人殺掉」。

法國電車式的生活方式確實有很多不方便的部分，但也有因爲馬虎而帶來的便利之處，例如具備「靈活、有彈性」的優點。

即使電車車門已經關上，只要說句「不好意思！請開個門！」列車駕駛就會幫你打開。我曾多次遇見列車等到飛奔而來的乘客上了車才出發的情況。

而且，保持彈性，便能夠迅速應付突發狀況。由於思維不僵固，因此對於臨時意外，就能有較豐富的處理對策。

還有，馬虎隨便的人也能容忍別人的馬虎隨便。對於別人的錯誤，能寬容地覺得「算了，沒關係」。

當然，我並不是要否定認眞這件事。在與他人的共同生活中，認眞肯定是必要且重要的。

只不過，我認爲我們應該要不時自問自答一下，質疑自己是否把認眞當成隱形斗蓬，而忽視了自身的需求？是否失去了自己的價值觀？是否被社會的價值觀給束縛了？是不是忘了自己眞正想做的事？

法則 6

運氣好的人會
重視自己的喜好

喜歡的食物、喜歡的顏色、喜歡的動物、喜歡的異性類型……每個人都有自己的「喜好」。

而這些喜好多半沒有明確的理由。即使被問到為什麼喜歡吃那個？為什麼喜歡那個顏色？也很難提出具體的原因。很多時候都沒什麼特別的依據，總之就是喜歡。

我認為，對於這種雖無法清楚解釋、但確實存在的自身「喜好」，應該要予以重視，因爲這有時也和讓個體得以生存下來的正確選擇密切相關。

你是否也覺得，在選擇伴侶時，男性往往比女性更重視「外表」？

美國的一個研究小組[4]曾針對這個問題提出過幾篇有趣的論文。在該研究中，研究人員將纖瘦、中等身材、較胖等各種體型的女性照片提供給受試者看，然後請他們選出最有魅力的體型。

結果發現，男性傾向於最喜歡臀腰比在1比0.6到1比0.7之間的女性。例如腰圍是65公分，臀圍就要在92公分到108公分之間。

該研究小組還進一步比對了臀腰比在男性理想值之內以及之外的女性群體，其兒女的智力測驗成績。結果，臀腰比合乎男性理想值的女性，比起不符合的女性，兒女的智力更高。

---

4 由威廉・拉塞克（William D. Lassek）及史蒂芬・高林（Steven J. C. Gaulin）為中心組成。

這被認爲與脂肪的種類有關。囤積在腹部的脂肪，是Omega-6脂肪酸；囤積在臀部和大腿處的脂肪，則是Omega-3脂肪酸。即使同樣都是脂肪，品質卻不一樣。

而人腦大部分都是脂肪。大腦內的神經細胞是由具有細胞核的「細胞體」，以及其延伸出的「樹突」與「軸突」兩種突起構成。

「軸突」周圍覆蓋著具絕緣性的磷脂，被稱做「髓磷脂鞘」（myelin，髓鞘）。並不是所有的軸突先天都具有髓磷脂鞘，大部分都是在出生後隨著成長過程而建立出來的（髓鞘化）。髓鞘化會大幅提升細胞間的訊息傳輸速度，換言之，髓鞘化就是大腦的成長。

而髓磷脂鞘的原料正是Omega-3脂肪酸。也就是說，囤積在臀部及大腿處的脂肪，和讓大腦成長的脂肪是同樣的脂肪。擁有較多Omega-3脂肪酸，且腹部的Omega-6脂肪（不健康及老化的指標）較少的女性，其生出聰明小孩的機率較高，而男性在潛意識中看出了這點。

另外補充，據說女性在選擇男性時，重視的是記憶，亦即其言行是否矛盾。女性對於「能否遵守承諾」的反應尤其強烈。

這和對「男性是否會確實將食物帶回來」的判斷有關。聽起來似乎很現實，但尤其是在古老的狩獵時代，爲了生存，這是必要的天性。

當然，研究結果都有例外。尤其是有關小孩成績的部分，畢竟受到環境等的影響也很大，並不是只靠母親的臀腰比就能判斷。

但我們在潛意識中所具有的「喜好」，不能說是毫無根據。雖然科學的手術刀尚未切入，但其中應該是有能夠清楚被其所論證的「喜好」才對。那是人類做為一種生物，為了生存、延續後代，經歷漫長歲月所培養出來的能力。

因此，我們應重視自己的「喜好」，並藉此達成「珍惜自己」的目標。

法則 7

運氣好的人會依「有趣與否」來做決定

該做還是不該做？人們總會思考哪個才是標準答案、哪個才正確。當你為了如何選擇而煩惱的時候，建議採用「有趣與否」作為判斷標準。

理由之一，就是這樣比較健康。與其因為覺得「正確」，而基於責任感勉強為之；還不如因為覺得「有趣」，而滿心歡喜地去做，這樣才能夠活得幸福。

在英國倫敦進行的一項調查顯示，主觀認為自己幸福的人，死亡風險比不覺得自己幸福的人低了35%。

這項調查的對象年齡介於52到79歲之間，總受試者大約3千8百人。首先，研究人員請受試者回答多個問題，藉此逐一評估他們的幸福度，五年後再追蹤調查受試者們的狀況。

結果，幸福度最高的群組死亡率爲3.6%，幸福度最低的群組的死亡率爲7.3%，出現了約莫2倍的差距。接著將年齡和生活習慣等各種因素都納入考量，最後才算出35%這個數字。

那麼，爲什麼主觀上感覺自己幸福的人比較長壽呢？

在人體中，有一些免疫系統物質會隨著本人的精神狀態而變化。主觀上感覺自己幸福的人，體內的這種物質會變得比較平衡。反之，主觀上不覺得自己幸福的人，體內的這種物質則會變得不平衡，進而導致生病。

「自然殺手細胞」（Natural Killer Cell，NK細胞）就是這種會隨著精神狀態變化的免疫系統物質之一。

假設你感染了流感等傳染病——所謂感染，是指病毒侵入並接管該細胞，然後利用此細胞來自我增生的狀況——這時，自然殺手細胞便會殺死被病毒接管的細胞。

此外，不管再怎麼年輕健康的人，體內每天也都會有數十到數千個癌細胞誕生。人類的細胞每日都會再生，其中難免會發生複製錯誤之類的事，這便會導致癌細胞產生。自然殺手細胞會幫我們殺死這些複製錯誤的細胞，因此，體內的自然殺手細胞正常運作的人，也就不容易罹患癌症。

自然殺手細胞並不是活性越高越好，不過高也不過低的「適中」狀態，對人體來說才是最好的。主觀上感覺自己幸福的人，可說就是維持著這種「適中」的狀態。

還有一種名為「白血球介素-6」（Interleukin-6，IL-6）的免疫系統物質，其分泌也會受到精神狀態的影響。

白血球介素-6是疼痛及發炎程度的指標物質，在風濕病患者體內的含量特別高。目前已知若是讓風濕病患者聽相聲之類的表演，盡情大笑之後，其體內白血球介素-6的含量便會下降，發炎和疼痛也能獲得緩解。

疼痛不僅讓人不舒服，更是會導致血管收縮、肌肉僵硬，讓血管的狀態變得非常糟糕，進而引發人體深處出血、梗塞等的風險增加。疼痛的緩解，對生物體來說極爲重要。

俗話說「病由心生」，心理狀態對身體健康的影響，也因各種實驗與研究而變得日益明朗。

就健康而言，盡可能長時間維持感覺幸福的狀態會比較好。將日常選擇的判斷標準調整為「有趣程度」，就是一個有效的辦法。

以有趣程度爲判斷標準的部分理由，也在於這樣會讓人比較有動力。

正如先前也提過的，當人感覺到「眞有意思！」、「好像很好玩！」的時候，大腦內的獎勵系統受到刺激、傳導物質「多巴胺」就會分泌——而多巴胺正是「幹勁」的基礎。

換言之，要做出某種選擇並採取行動時，與其依正確性來判斷，還不如依有趣程度來判斷，這樣才能充滿幹勁地去執行。

更甚者，多巴胺具有成癮性，故一旦開始實踐自己的選擇並上了軌道，就會產生「想再更進一步」、「想再多嘗試一些」的想法。

依據正確與否或有趣與否來做決定，何者可能會獲得較好的成果，結論已相當明顯。

當然，在日常生活的選擇中，也有一些是必須優先考慮正確性甚於有趣程度的。但隨著年齡增加，人越是容易忘記「有趣」這個觀點。

大平哲也教授[5]的論文中指出，小孩一天平均笑300次、成人17次，七十歲以上的人則只笑2次。

你今天笑了幾次呢？

就算只是爲了多笑幾次，在做選擇時也該試著以「有趣程度」爲判斷標準才好。

5 筑波大學醫學博士。論文發表當時為大阪大學研究所醫學系研究科的副教授，現則為福島縣立醫科大學的主任教授。

法則 8

運氣好的人會對著自己說「我最愛你了！」

「沒關係、沒關係，就算是這樣的自己我也一樣喜歡。」

我偶爾會對自己這麼說，尤其是在給別人帶來了麻煩、因爲自己的不小心而傷害了別人的情感……等，會讓自己覺得「唉，我眞是糟糕」而沮喪不已的時候。

其實，這是我一位擔任精神科醫師的朋友，對病患們所進行的治療方法之一。

他注意到了，那些來到自家醫院的病患們並不珍惜自己。爲了讓他們改變，他開始要求病患們要對自己說：「○○，我愛你。」

即使是一開始很抗拒對自己說「愛」的那些病患，在一遍又一遍地重複此話的過程中，似乎也漸漸地變得能夠珍惜自己了。

先前提過，幸運的人會珍惜自己。所謂珍惜自己，就是把心思放在自己身上，像是注意服裝儀容、確保飲食健康、把周遭整理得乾淨整齊等。這些行爲都必須以愛爲基礎，討厭自己的人無法做到。要珍惜自己，就必須要學會愛自己。

因此，偶爾要對自己說：「○○，我愛你。」無限寬容、徹底支持自己。

即使犯錯，也要學著說：「就算如此，我也喜歡這樣的○○。」無條件接納自己。

前幾天，我搞錯了和朋友相約見面的時間。對方寄來的電子郵件裡寫著「十一點在新宿見吧」，我卻看成了「一點在新宿見」。結果嚴重出糗，讓朋友等了兩小時之久。這顯然是我的錯，但即使是在這種時候，也要對自己說：「唉呀，搞砸了，不過我還是最愛○○喔！」

當然，我很眞誠地跟朋友道了歉，並且深切地反省，決定今後用電子郵件相約時都要特別小心。

然而同時，我也寬容地原諒了這樣的自己。**雖說要自我反省，但為了避免過度沮喪、討厭自己，也要擁有一個總是心胸寬大的自我，在內心對自己說：「就算○○這樣做了，我還是愛你。」**尤其對不太有自信、容易感到委屈的人，我特別推薦這種做法。

第 2 章

運氣好的人會
認定「自己很幸運」

法則 1

運氣好的人會深信「自己很幸運」

認定自己就是個幸運的人，是讓自己運氣變好的訣竅之一。

不需要有任何根據，也不需要有過去曾經如何走運的實際經歷。總之就是認定「自己很幸運」。

你是否也有一種印象，感覺女性比男性更擅長看出另一半是否出軌？

以前，我曾看過一項與直覺能力有關的調查結果。進行這項調查的人，是基於「女性的直覺優於男性」這一假設而展開實驗。實際上，被問到「你認爲自己的直覺很準嗎？」的時候，回答「我覺得滿準的」的人確實以女性居多。然而，讓人們進行看穿謊言的實驗後卻發現，儘管只有1%的些微差距，但能看穿謊言的卻以男性居多。

由此實驗可知，主觀和客觀的直覺能力標準是有誤差的。或者也可以說，人們自認爲「直覺很準」的想法幾乎毫無根據。

運氣也是同樣道理。在這世上，有些人覺得「自己很幸運」、有些人覺得「自己很不幸」，而我想，自認幸運的人，很少有明確的證據。

換言之，想要決定「今後自己會很幸運」的人，也不需要什麼特別的根據。而認定了「自己會很幸運」的人，運氣就眞的會變好。

爲什麼可以這麼說呢？

若工作上總是拿不到訂單，覺得自己很幸運的人會想：「我這個人這麼幸運，竟然會拿不到訂單？或許是在準備階段犯了什麼錯才會這樣，也可能是我自己有不足之處。」而自認運氣不好的人則會想：「我都這麼努力了，還拿不到訂單，肯定是因爲運氣差的關係。」

覺得自己幸運的人會產生出努力的空間，但覺得自己不幸的人則產生不出那樣的空間。

覺得自己幸運的人，靠著努力便能提升下次拿到訂單的可能性，但覺得自己不幸的人則否。

或以夫妻或情侶等人際關係爲例。覺得自己幸運的人會想：「我運氣很好，所以能和這個人在一起。」即使吵架，也會想：「或許是我自己有什麼不對的地方。」然而，覺得自己不幸的人則會想：「我都這麼努力了，對方還不明白。選了這種人的我眞是有夠倒楣。」

覺得自己幸運的人能產生出深化與他人關係的機會，但覺得自己不幸的人則產生不出那樣的機會，甚至還會日益走向失和的道路。

其實，不論是自認運氣好的人還是自認運氣差的人，遇到的事情往往都很類似。只是他們看待事情的態度及想法不同，處理方式也不一樣。經過長時間的累積後，便自然而然地產生出大不相同的結果。

所以，即使沒有任何根據，也最好認定「自己就是很幸運」。

法則 2

運氣好的人會有正面的自我形象

最適合與「自己很幸運」這一信念搭配的，就是正面的自我形象。

在被賦予某些任務、參加考試、在運動比賽中出賽……等時候，都要抱持著正面的自我形象，因爲這會對結果有好的影響。

例如你在公司裡被指派了難度高且重要的專案。這時，就要在腦海中想像良好的自我形象，像是「上次的專案就做得很成功，所以這次一定也能成功」、「正因爲平日的努力和成果得到認可，所以才會被指派困難的專案」、「被說是一大難關的考試都通過了，所以這次肯定也沒問題」……等等。或者，「我一定可以、我怎麼可能做不到」也行。

不需要特別的依據，只要有莫名的自信就可以。這樣，成功的機率就會增加。

在英國進行的心像旋轉作業（mental rotation task）實驗[1]證明了此事。

心像旋轉作業，是先呈現一個圖形（有平面也有立體），再請受試者從列出的五、六個圖形中選擇與其形狀相同者。由於所列出的圖形都是經過旋轉後的樣子，所以很難一眼就看出是哪個圖形與題目的形狀相同。

正如其中文譯名「心像旋轉」的字面意義，爲了找出同樣形狀的圖形，

1 一九七八年由遺傳學家史蒂文・范登堡（Steven G. Vandenberg）和艾倫・庫斯（Allan R. Kuse）於《知覺與運動技能》（Perceptual & Motor Skills）首次發表的空間能力測驗。

必須在腦海裡想像該形狀旋轉後的樣子。而一般認爲，男性會比女性更快速且正確地找出答案。

實驗的研究人員讓美國的大學生進行了該項測驗，並於測驗前做了簡單的問卷調查。其實，這個問卷調查才是實驗的關鍵變因所在。

在問卷調查中被問及性別時，女學生的測驗正解率爲男學生的64％。而在問卷調查中被問及所屬大學後，其測驗正解率則提升爲男學生的86％。

很多受試者都是名校的菁英學生。一旦在問卷中回答了自己所屬的大學，心中便會浮現「我是名校的菁英學生」這樣的正面自我形象，進而對測驗產生了好的影響。

就像這樣，正面的自我形象會直接影響人的表現。

因此，在致力於某些事情、進行某些嘗試或挑戰時，要盡可能努力排除負面的自我觀感，盡量抱持著正面的自我形象。

然後，當正面的自我形象與「我很幸運」的信念搭配在一起，就會形成良性循環。

擁有「我很幸運」的信念與正面的自我形象，就容易克服新的挑戰、完成任務。一旦成功，就會覺得「我果然很幸運！」自我形象也會因此提升，更容易迎接下一個挑戰。

就算下一次的挑戰失敗了，如前所述，覺得自己「幸運」的人往往能夠自我反省。那樣的反省會創造出再下一次的努力，而若在那時挑戰成功，那麼，就又能夠回到良性循環中了。

法則 3

運氣好的人會大聲說出「好幸運」

雖說「認定自己很幸運」是比較好的做法，但對一直認為自己很不幸的人來說，這可能是很困難的事。

因此，就讓我們來進行「自己很幸運」的思考練習。

覺得自己運氣不好的人，首先請想想「自己的生命誕生在世上」的這個奇蹟。

人的生命因精子與卵子的相遇而來。一次射精所含有的精子數存在個體差異，但一般認爲大約在一億至四億個之間。射精後，精子會前往有卵子在等待的輸卵管壺腹，但能夠成功抵達該處的精子僅有數十到數百個。而且，幾乎只有其中一個能夠成功讓卵子受精。

即使成功受精，受精卵在子宮內著床定居的機率，也約只有75％。就算著床了，仍有幾成的比例無法懷孕。甚至，就算懷孕了，整個孕期仍約有15％的機率會流產。

我們的生命是由億中選一的精子與卵子相遇後，歷經多次的「好運」，才終於得以誕生。如此想來，你難道不覺得自己能出生在這世上、現在還活在這裡，本身就是個奇蹟嗎？

而且這個奇蹟並不是只發生在你自己身上。你生命的源頭，亦即你的父親與母親，以及四位祖父母，甚至是再往上的八位曾祖父母，也都因這樣的奇蹟誕生。當然，曾祖父母們的雙親以及更之前，也存在著不斷延續的生命連結，有多少個生命就有多少個奇蹟。只要少了這當中的任一個奇蹟，就不會有現在的你。

所以你眞的稱得上是「運氣好的人」。

常有人說，爲了讓運氣變好，應該要大聲說出「好幸運」。這說法我也贊同，**在進行思考練習時，很建議你大聲說出「好幸運」**。

人類在記憶事物時，位於大腦深處名爲「海馬體」的部分會發揮作用。記憶由負責視覺、聽覺、嗅覺等感覺器官將資訊送往海馬體，在該處整合後，被判定哪些屬於短期記憶、哪些屬於長期記憶，哪些可以馬上忘記也沒關係。據說，在傳送這些資訊時，所動員的感覺器官越多，記憶就越容易被強化、也越能長期間持續。

所以，**與其只在心中想著「好幸運」，大聲說出「好幸運」更能刺激與長期記憶相關連的大腦細胞，使其積極運作，讓「自己很幸運」的想法更加紮根於大腦中。**

於此同時，還可以把「好幸運！」、「Lucky」、「我走運了！」等字句寫在紙上，並張貼於房間裡的顯眼處，進而讓視覺有效發揮作用。

這些行為都請至少要刻意地持續實行3週。因為人類的大腦中要建立出新迴路，最少要花3週的時間。

法則 4

運氣好的人會
積極地與運氣好的人互動

若是想要具備「自己很幸運」的思維，總是待在幸運的人身邊，也是一個好辦法。

人的運氣好壞，從科學的角度看來，應是由行為模式，而非原始天生所決定。所以只要待在運氣好的人身邊，行為模式便會逐漸與其相似，於是就能「帶來好運」。

人很容易被身邊的人影響。

據說在日本的江戶時代，決定結婚對象時，大家都會建議「先看看女方的媽媽」。除了遺傳上的相似性之外，通常母女的相處時間最長，故女兒會受到母親很大的影響，不論是想法還是對事物的看法，甚至是木屐底部的磨損狀況，都會跟媽媽很像。因此，只要觀察女方的母親，就能確認對方是否適合做爲自己的結婚對象。

那麼，爲什麼我們總是會跟身邊的人很像呢？

據說這可能和人腦中一種叫「鏡像神經元」（Mirror neuron）[2]的神經細胞有很大的關係。鏡像神經元是具有「在自己運動或看見他人運動時，都會變得活躍」特性的神經細胞。

2 一九九六年由義大利的神經生理學家賈科莫・里佐拉蒂（Giacomo Rizzolatti）的團隊進行的猴子實驗中所發現。

例如，用自己的手抓住東西時，該神經元會變得活躍；而看到別人用手抓住東西時，該神經元也會變得活躍。別人的動作，就像是映照在鏡子裡的自己的動作般，所以被稱做鏡像神經元。

鏡像神經元之所以備受矚目，原因就在於它能理解他人的行為意圖及目的，並做出反應。例如，若是讓猴子看人抓起蘋果，接下來「將蘋果送入口中」的動作，會比「把蘋果放入容器」更能讓猴子的鏡像神經元出現強烈的反應。

也就是說，鏡像神經元甚至能讀出他人採取該行動的背景、為了什麼目的而動作，然後依據其來改變反應方式。

當你看到家人或朋友出現很煩躁的行為舉止，即使並不曉得發生了什麼，也會理解「他不知爲何似乎很煩躁」。有些行爲會讓人覺得「他可能發生了什麼好事」，有些則會讓人覺得「這人似乎在打什麼歪主意」。

這和理解他人感受的「同理心」也有關連。一般認爲，人類之所以能理解他人的喜悅與悲傷、產生共感，和鏡像神經元有很大的關係。

根據此說，積極地與好運的人互動的好處，就不言自明了。

盡可能和幸運的人相處，好好觀察其行為。於是，彷彿自己也做了一樣的行為般，鏡像神經元會變得活躍。不久後，自己會開始採取同樣的行為模式，對事物的看法應該也就能愈來愈相似。

這下就太棒了，因爲你也會漸漸覺得「自己很幸運」了。

哪怕只是錯覺，也沒關係。因爲深信「自己很幸運」，正是提升運勢的起點。

法則 5

運氣好的人會早睡早起

在這世上，成功的人多半都是晨型人。

每天早上四點起床，利用家人起床前的3小時來做自己的事情。

晚上十點入睡、早上最晚不超過五點就會起床，六點到辦公室。九點上班時間開始之前就已做完一輪工作，順利展開一天……

所謂成功人士，經常都會這麼敘述自身經驗。

而拼命工作到深夜，早上總是睡到快遲到，在最後一刻衝進辦公室，這種類型的成功故事，我從來沒聽過。

其實，從大腦科學的角度來看，這可謂理所當然。

在我們體內，已獲得明確證實的神經傳導物質有25種。在這些物質之中，有一些能爲我們帶來安全及平靜等幸福感，「血清素」便是其中一個。

它能夠平衡情緒、帶來安全感，因此有「幸福荷爾蒙」之稱，也可說是改善運氣的必要物質。而一旦生活不規律，人體就很難分泌出血清素。從這點看來，早睡早起的規律生活確實很重要。

到了晚上會自然想睡覺，到了早上則會醒來。早晨時體溫偏低，越是接近傍晚越會逐漸升高。就像這樣，人體具備約莫以24小時爲週期的晝夜節律（生理時鐘），通常設定以白天爲活動時間、夜晚爲睡眠時間。

和睡與醒的變化或體溫的變化一樣，此類物質的分泌量的週期性波動，也是晝夜節律的特徵之一。

在睡眠時，有一種名爲「褪黑激素」（Melatonin）的物質會增加。褪黑激素在創造出優質睡眠的同時，也能分解體內的活性氧、增強抗病毒作用等，是有助於保護身體、防止老化的重要荷爾蒙。

而褪黑激素是在大腦的松果體中，以血清素製作而成。換言之，一旦沒能好好分泌血清素，褪黑激素也會隨之減少。

血清素會於視網膜感受到早晨的自然光時分泌。在血清素開始分泌的15個小時之後，褪黑激素便會開始分泌。

也就是說，為了讓血清素和褪黑激素都能充分分泌，要按照人體本身的晝夜節律來過生活。亦即早上必須早點起來、確實沐浴在晨光下，而晚上要早點睡才行。

另外，血清素是由名爲「色胺酸」（Tryptophan）的必需胺基酸所形成。必需胺基酸無法在人體內自行合成，得從食物中攝取。爲了製造血清素，確實攝取含有色胺酸的食物（如紅肉魚、肉類及乳製品）很重要。而合成血清素還需要維生素B6，故最好一同搭配含有維生素B6的食材（如大蒜、辣椒、芝麻等）。

同時，目前也已知，血清素會在泡澡時等放鬆的狀態下分泌。並且爲了順利製造，還需要適度的運動。

也就是說，「早睡早起、適度運動、泡澡放鬆」這種在某意義上很正統的規律生活，能夠促進血清素的分泌。

所以，若是覺得自己最近運氣不太好的話，先從規律的生活節奏開始著手，就是最快的辦法。

法則 6

運氣好的人會有好的幻想

如果能和那個人相愛，不知會有多美好！

如果能和那個人在一起，我想要跟他一起看電影、去海邊，還想一起去吃美味的義大利料理！

像這樣幻想與自己喜歡的人順利交往，也是提升運勢的方法之一。

多巴胺與血清素並列，堪稱爲「提升運勢」必不可少之神經傳導物質。

正如肚子餓了就要吃東西、想考上心目中理想的學校就要念書一樣，我們的行爲背後必定有動機。而與動機有所關連的，就是多巴胺。此外，當被人稱讚、獲得了某些好處等等，大腦一感到開心，多巴胺便會分泌，爲我們帶來愉悅感。換言之，多巴胺是製造動力與愉悅感的物質，也被稱爲「創造生存欲望的荷爾蒙」。

那麼，怎樣才能讓多巴胺分泌呢？

最有效率的方法，就是談一場美好的戀愛。當你愛上某個人、也被對方深深愛著時，心就會噗通噗通地狂跳。而這種心跳加速的興奮情緒，正是多巴胺分泌的證據。

話雖如此，但戀愛並不是單靠一個人就能輕鬆展開的事情。即使已經在戀愛中，其過程也包含了吵架與背叛，想必很難一直維持正面、興奮的情緒。

因此，我想推薦給大家的是「好的幻想」。

若是有暗戀的人，就想像自己和對方順利交往時的狀況。對象也可以是演員或藝人，總之，就是要有一些讓自己心跳加速的幻想。

不過，「好的幻想」也不一定非得是與人戀愛的幻想。

例如，在那些很紅的搞笑藝人中，有些會讓人覺得「眼神」很犀利。他們的眼睛閃閃發亮，具有獨特的力量。

這些人也許都很自戀。在攝影機的另一頭有著數十萬，甚至是數百萬的觀衆在看著自己，因爲自己講的笑話而發笑。我想，他們心中某處或許覺得「這樣的我好厲害」、「我並不討厭這樣的自己」。這樣的幻想促進了多巴胺的分泌、進一步激發了他們的動力，於是所說的故事及笑話就變得愈來愈精彩、好笑，形成良性循環。

就像這樣，「好的幻想」也可以是讓你覺得自己好厲害的幻想。

例如，你可以想像自己工作做得很成功，在辦公室受到大家拍手喝采的樣子。或是自己參與的商品大受歡迎，擺滿在店頭貨架上的樣子。

好的幻想不必花錢，隨時隨地都能輕鬆享有；其效果卻是大得驚人呢。

法則 7

運氣好的人會
用大量的愛來栽培他人

在你身邊，是否有比你弱小、令你憐愛的人呢？

自己的孩子、孫子就不用說了，公司裡的部屬或晚輩、在打工的地方負責帶的新人……等，也都可以算進來。

如果有的話，就要用大量的愛來栽培這樣的對象。因爲這件事，可能與提升能力、增加「好運」密切相關。

美國研究指出[3]，比起未曾生育過的大鼠，有過生育經驗的大鼠的記憶和學習能力較高。

研究人員安排了兩群大鼠，其中一群是有過兩次生育及斷奶經驗的媽媽大鼠，另一群則是同年齡但從未交配過的雌大鼠，並分別將牠們放入藏有食物的迷宮裡，使其尋找食物，結果發現媽媽大鼠較能在短時間內記住食物的所在處。他們對狨猴（拇指猴）進行了同樣的實驗，獲得好成績的也同樣是媽媽狨猴。

換言之，有過「用愛養育子女」經驗的大鼠及狨猴，其記憶與學習能力比沒有這些經驗的大鼠及狨猴要高。

若是只看這項實驗的結果，可能會覺得養育親生孩子對於提升記憶與

---

3 二〇〇六年由美國維吉尼亞州里奇蒙大學的神經科學家克雷格・金斯利（Craig H. Kinsley）與藍道夫馬肯學院的神經科學家凱莉・蘭伯特（Kelly G. Lambert）於《科學人》（Scientific American）所發表的研究成果。

學習能力來說很重要，但其實並非如此。研究人員還進行了以下實驗：

把媽媽大鼠、未曾生育（從未交配）過的雌大鼠、養母大鼠分別放入藏有食物的迷宮，並且總是把食物藏在同樣的地方，讓牠們記憶回到該處的路線。養母大鼠雖然未曾生育過，但和大鼠寶寶長時間被關在同一個籠子裡，因此已習慣與大鼠寶寶相處（據說其中有些雌性大鼠會表現出舔毛或理毛等，有如母親般的行爲）。

在此實驗中，最快記住路線的也同樣是媽媽大鼠，不過與第二名的養母大鼠相比，兩者的成績僅有些微差距。

此外，他們也對爸爸狨猴和單身公狨猴進行了這個實驗。母狨猴經常生出雙胞胎，故公猴也會參與幼猴的養育工作。而實驗結果顯示，爸爸狨猴記憶食物位置的能力較高。

可見這與是否爲親生母親無關，即使是養母或爸爸，只要有用愛養育「子女」，記憶和學習能力便會提高。

那麼，這些大鼠或狨猴的大腦裡到底發生了什麼事呢？

其中一個備受矚目的變化在於名爲「催產素」（Oxytocin）的荷爾蒙。

催產素具有於分娩時促進陣痛、分娩後刺激母乳分泌的作用。此外，還被認爲具有「穩定情緒及行爲、強化互信、促進夫妻及親子關係的建立」等效果。基於這些特性，其有「愛的荷爾蒙」之稱。

富澤一仁教授[4]的研究團隊曾進行實驗，將催產素注射至未曾懷孕的小鼠的大腦中，再將其放入藏有食物的迷宮裡。該迷宮中有八條路線，其中四條藏有食物。結果顯示，注射較多催產素的小鼠記憶藏有食物路徑的能力較強。

另外，他們也對曾懷孕過的小鼠進行抑制催產素的大腦注射，再放進

4 香川醫科大學博士。論文發表當時為岡山大學研究所醫齒藥學總和研究科的副教授，現則為熊本大學研究所生命科學研究部的教授。

同樣的迷宮中，結果發現此小鼠呈現記憶力低下的狀態。

由這些實驗結果可知，催產素能提升記憶與學習能力。

雖說催產素是一種女性較容易分泌的荷爾蒙，但男性也會分泌。也有實驗結果顯示，比起單獨住在籠子裡的公狨猴，和小狨猴一起住在籠子裡的公狨猴，催產素的分泌量較多。

我們從實驗得知，只要有用愛養育，即使不是自己的孩子，能夠「提升記憶與學習能力」的催產素仍會分泌。以人類的情況來說，甚至不限於小孩，用愛栽培部屬或晚輩的行為，應該也會分泌催產素才對。

UNIQLO這家企業的例子似乎可以證明這點。該企業以身心障礙人士雇用率高而聞名——在日本，身心障礙人士的法定雇用率爲2.3％（截至二〇二三年一月），不過UNIQLO在二〇二一年的身心障礙人士雇用率卻是4.6％。他們從二〇〇一年三月開始積極雇用身心障礙人士，並且在隔年就達成了6％的雇用率。

據說自從和身心障礙人士們一起工作之後，UNIQLO的服務便有所改善。該公司的負責人柳井正先生在某次接受採訪時表示：「可能是因爲透過雇用身心障礙人士，讓各個店鋪產生了『爲他人著想』的想法，或願意試著一起工作的態度。」那些服務有所改善的店鋪，或許就是因爲店長率先嘗試了用愛培育身心障礙員工。而那樣的態度，透過鏡像神經元的運作，也對其他員工造成了影響。於是整個店鋪的催產素分泌量便因此提升，進而改善了服務。

很多做母親的人都會說：「養育孩子讓我自己有所成長。」

實際上正是如此，培育他人就等於是在培育自己。

而且這和親生與否無關。不論是別人的孩子也好、部屬或晚輩也罷，只要以大量的愛加以栽培，自己也能夠一同成長。

法則 8

運氣好的人會增加自己的壓力

勇敢面對困難，是強化自身運勢的方法之一。

成就豐功偉業之人，往往曾經歷許多苦難。例如有「發明大王」之稱的愛迪生[5]，據說在小學時被級任老師批評「你的腦袋壞掉了」而遭到退學；出社會後，也因「太沒生產力」而兩度被解雇。創立了相對論的愛因斯坦[6]到四歲還不會講話，直到小學高年級才能流利地以口語表達；而且他高中就輟學，也沒通過大學的入學考試。知名企業的創辦人們，也幾乎都有著極爲艱苦的過去。

有句話說「化逆境爲力量」，這些人可說正因爲有了逆境才得以發芽。原因就在於，人類大腦具有在承受一定的壓力時，會建立「突觸」（神經細胞之間的連接部分）的傾向。

當人類處於安心、安全的狀態時，身體會試圖維持；但若體內有病毒入侵，爲了與其對抗，免疫細胞就會變得活躍。同樣地，**腦細胞在承受一定壓力的狀態下，也會比平安無事的時候更為積極活躍。**

「耶基斯—多德森定律」（Yerkes-Dodson law）[7]就證明了這件事。

---

5 湯瑪斯・愛迪生（Thomas A. Edison，一八四七～一九三一），美國著名科學家、發明家，一生中的發明超過兩千種，擁有的專利包括燈泡、留聲機等。

6 阿爾伯特・愛因斯坦（Albert Einstein，一八七九～一九五五），有「現代物理學之父」之名，創立了相對論及量子力學，發現質能等價公式。一九二一年諾貝爾物理學獎得主。

7 一九〇八年由羅伯特・耶基斯（Robert M. Yerkes）及約翰・多德森（John D. Dodson）所提出的理論，說明「動機的強烈程度和表現好壞呈正比，其中輕度的焦慮可促進任務的表現」。

心理學家耶基斯與多德森對大鼠進行區分黑白的訓練，當大鼠犯錯時便予以電擊。結果，當電擊強度適中時，大鼠的答對率最高；而當電擊強度較弱或過強時，答對率都下降了。可知，壓力程度和學習表現之間存在著倒U型曲線的關係。由此實驗結果，他們提出「在有適度的壓力時，學習成果可達到巔峰；壓力過低或過高都會導致成果下降」的定律。

也就是說，與其處於無事、安心且安全的狀態，人在承受適度壓力之下，更能發揮實力。

例如，比起「能做的時候再把它完成」這樣的工作交代方式，「請在明天九點前完成」的說法更容易讓人發揮專注力。雖然過於重大的工作可能會使人被擊垮，但被賦予適度的責任時，會令人充滿幹勁。

不過，所謂「適當的壓力程度」因人而異，所以先瞭解「對自己來說，怎樣的壓力叫適度」非常重要。在壓力過大的狀態下，再怎麼勉強也不會有好成果；若是過度努力，甚至可能引發憂鬱症等情緒上的混亂及波動。

請試著掌握對自己來說「似乎有點困難，但只要努力總會有辦法搞定」這樣恰到好處的狀態。

話說回來，人能夠承受的壓力程度也是可以逐漸增加的。

舉例來說，假設今天專心用功了2小時，明天就要試著努力2小時又5分鐘，後天則要試著努力2小時又10分鐘。如果第三天時覺得「2小時又10分鐘是極限了」，那麼，第四天也試著努力2小時又10分鐘就好。等到連續數日都能努力2小時又10分鐘而不感覺勉強時，再嘗試挑戰2小時又15分鐘。

雖然很花時間，但只要有耐心且有毅力地持續下去，便可慢慢提升自己所能承受的壓力。一旦掌握了這個程度，在投入於工作或念書等各種事時，就能嘗試積極面對，並挑戰「對自己來說有點困難」的情況。

困境會活化腦細胞，讓你更有機會獲得出乎意料的好結果，同時也會促進運勢的提升。

法則 9

運氣好的人會
勇於選擇有風險的路

人生就是一連串的選擇。當下做的選擇會讓本人的人生變得大不相同，有時也會被運氣左右。

那麼，不知該選哪個選項的時候，該怎麼辦好呢？

我認爲，勇於選擇似乎有風險的路也是個不錯的辦法。

因為選擇有風險的道路，往往會讓大腦更開心。

有個用鴿子進行的實驗便證明了這點。

該實驗準備了A、B兩個籠子，並分別關入一隻鴿子。兩個籠子都裝有飼料按鈕，鴿子只要用嘴按壓該按鈕，就會掉出飼料來。A籠的按鈕每次按下都會掉出飼料，B籠的按鈕則是隨機掉出或不掉飼料。

在這種狀況下，鴿子會怎麼反應呢？結果是A籠的鴿子只會在肚子餓的時候去按壓按鈕，B籠的鴿子則是不論肚子餓不餓都會按很多次按鈕。尤其是當只有一半的機率會掉出飼料時，鴿子就會一直不停地按壓按鈕。換言之，這導致了B籠的鴿子按按鈕成癮。

類似的實驗也曾在猴子身上進行。研究人員將A、B兩台裝有果汁的飲料桶放在一隻猴子面前，A桶每次按壓按鈕都必定會流出150毫升的果汁，B桶則有時流出100毫升的果汁、有時流出200毫升，且流出的果汁多寡是無法被猴子選擇的。

結果發現，猴子會傾向於持續按壓B桶按鈕。雖然B桶有時只會流出

100毫升的果汁，但也有機會流出比A桶更多的200毫升。儘管有風險，但運氣好的話也可能會獲利，賭博成分比A桶還高。

據說人類也會有類似的行爲模式。

假設你有兩位喜歡程度差不多的異性，A人很不錯，但B也挺好的。每次約A吃飯或喝酒，他都一定會答應，而且跟他出去都能玩得很開心。約B吃飯或喝酒時，兩次當中會被拒絕一次；不過一旦他答應，也總是能吃吃喝喝地玩得非常開心。

在這種情況下，多數人最終都會變得比較喜歡B。

是不是稍微懂了呢？有點冷淡的對象會吊人胃口，反而令人更在意，忍不住猜測「爲什麼有時會被拒絕」、「他是不是和別人在交往」，甚至會讓人產生「雖然可能被拒絕，但還是賭一把問問看好了」的心態。

也就是說，和鴿子及猴子一樣，比起「百分之百安心」的狀態，人類也偏好稍有風險、賭博成分較高的選項。

這是因為人類的大腦喜歡有風險的狀態甚於毫無刺激的狀態。我們要將「強化學習」（Reinforcement Learning）[8]理論應用在自己身上，稍微有點風險才更能讓大腦的獎勵系統積極地運作起來。

因此，**當要做選擇而煩惱著不知該選哪個時，與其選擇安心且安全的道路，不如試著勇敢選擇有點風險的一方。**那樣的路才能讓人沉迷、投入，**讓大腦開心，提升獲得良好結果的機率。**

8 心理學的行為主義理論，研究人如何在環境給予的獎勵或懲罰的刺激下，逐步形成對刺激的預期，產生能獲得最大利益的習慣性行為。

第 3 章

運氣好的人會
以與他人「共存」為目標

法則 1

運氣好的人會為他人著想

有些人在下班回家所乘坐的擁擠電車中，看到自己眼前的座位空出來時，會先確認周圍是否有老人或孕婦，再決定是否要坐下。

雨天走在狹窄的路上與人擦身而過時，有些人會小心地把傘稍微傾斜，以避免對方被傘迎面撞上，或是被雨傘上的水滴弄濕。

工作上出現麻煩時，有些人不會一口咬定「能做的我都做了」，而是會思考自己是否有什麼疏失、是不是還能再多做點什麼。

簡言之，不會想獨善其身，而是能確實為他人著想；不只在值得表現的關鍵時刻努力，而是即使在日常生活的小小事件中也能站在別人的角度。

實際上，能夠做到這點的人，也可說是幸運的人。

生物的歷史能夠告訴我們同樣的道理。

尼安德塔人被認爲是人類（智人）的亞種之一[1]，存在於距今約二十萬年前到三萬年前，主要居住在歐洲及中東亞洲地區。尼安德塔人滅絕的原因至今依舊成謎，不過有個說法認爲，他們是被同爲人類亞種之一的克羅馬儂人攻擊，而導致滅絕。

比較尼安德塔人與現代人類的大腦大小，尼安德塔人的男性大腦平均

1　早期智人（Archaic Homo sapiens），大致指生活在距今幾十萬年前至一萬餘年前的舊石器時代、體質特徵上介於直立人和晚期智人（現代人）之間的人類。早期智人腦容量已達到現代人的水準，用獸皮做衣服，能人工取火，有埋葬死人的習俗。

容量約爲１５００cc，現代人類則約爲１４００cc，尼安德塔人的腦比較大。由此證據推導，大腦較小的現代人類之所以能生存至今，是因「比尼安德塔人更具攻擊性」這一論點，便顯得十分強勢。

但最近解釋趨勢正在改變。雖說比起現代人類，尼安德塔人的大腦更大；但大腦中名爲「額葉」的部分，則是現代人類比較大。

「額葉」負責的是人類的語言活動、運動、心理活動等，尤其是其中的「前額葉皮質」，更是負責預測未來、基於預測制定計畫、利他的概念及社會性等等，進行人性化思考及創造的重要部分。

以此推論的話，現代人類之所以能生存下來，是因爲「比尼安德塔人更具社會性」這一觀點，便逐漸變得更爲有力了。

比起與女性和孩童一起成爲共同體，男性獨自存活更容易。畢竟只要變強壯、逃離野狼等威脅，並確保自己的食物足夠，就能活下去。但若是要延續「人類」這一物種，就必須納入女性和孩童，以共同體的形態一起存活下去才行。如此，便需要具備「大家一起努力生存」的社會性。尼安德塔人由於不具備這樣的社會性，所以在演化的競賽中失利退場。

公司或小型店家又何嘗不是如此，能否生存下去可說是運氣問題。尼安德塔人與現代人類的大腦差異，告訴了我們生存的祕訣。

這祕訣就在於「爲他人著想」。不該只想著獨善其身，而是要具備互相著想、大家一起合作、努力生存下去的社會性。

法則 2

運氣好的人會選擇不讓自己成為唯一的贏家

前篇說過，爲了生存下去，必須具備爲他人著想的社會性。然而，光替別人著想是無法存活的。

舉例來說，雖然企業的經營是以對社會有助益爲基本前提，但營運時若是將自家公司的利益置之度外，一心只想著要爲社會付出的話，遲早會倒閉。就好像自己什麼都不吃，只是一個勁兒地把食物給別人的話，遲早會生病。

換言之，人要生存下來，必須讓自己先贏才行。而且，還要持續地贏。怎樣才可以在爲他人著想的同時，持續地贏呢？

訣竅在於「不要贏太多」。

有個詞彙叫「過度適應」。爲了生存，當然需要適應環境；可是一旦過度適應，反而會有滅絕的風險。

另外也有個說法：「與其最好，還不如剛剛好。」**意思是說，雖然採取最好的策略能夠贏在一時，但從長遠看來，滅亡的可能性很高。因此，應該要選擇更恰當（Better）的方法，而非最好（Best）的方法。**

非洲的黑犀牛就個體能力而言堪稱最強物種，凶猛、具攻擊性，體型龐大、移動速度卻也快，是非常擅長戰鬥及競爭的動物。

然而，看似所向無敵的黑犀牛，一遇上環境劇烈變化，就率先成了瀕臨絕種的動物。

由於個體的戰鬥能力強，故只要長大爲成體之後，幾乎就不會有因生存競爭而喪命的危險。在此條件下，少量生育並確實照顧下一代、使其強健成長，便是最好的生存策略。

或許有人會問：「多生一些不是比較有利於生存嗎？」實際上，生育太多會對母體造成很大負擔，導致產後的母親受攻擊的機率變大。而且，未成年的幼體被攻擊風險最高，因此，即使母親花了大量體力、時間把孩子生下，一旦幼體多到難以在視線範圍內緊密看顧，被獅子或鬣狗襲擊而喪命的危險便會增加。

在弱肉強食的非洲，黑犀牛一直是藉由養育少數精銳後代的策略存活下來的。可是，這點也成了牠們的致命傷——因爲個體能力極爲強大，而不形成群體，小孩也生得少。看似是最佳策略，實際上卻讓自己處於「過度適應」的危險狀態。

讓黑犀牛瀕臨絕種的環境變化，就是「人類的出現」。

這對黑犀牛而言，可不是天敵之類的單純事件，而是近乎天崩地裂的重大災難。如果是天敵出現，只要稍微花點時間再適應那樣的條件即可；但人類並沒有給黑犀牛重新適應的時間。

人類以超越自然適應力的速度，破壞了黑犀牛的棲息環境，簡直就像是突然墜落於地球的巨大隕石。於是，已「過度適應」的黑犀牛無法承受環境的劇烈變動，瞬間瀕臨絕種。

要生存下去的話，對環境達到「最佳適應」是不行的，必須達到「剛剛好」的適應程度，留下一些緩衝的餘地。

若是過度適應環境、在某條件下成為唯一的贏家，那麼，一旦條件改變，便會因無法承受變化，而迅速陷入危機。

人類社會不也是如此嗎？在某個時代成了唯一贏家、登上巔峰的國家或企業，都必定滅亡。贏太多，就無法持續地贏。

所以，我們要選擇不贏太多、不成為唯一贏家的路。比起只有自己獨活、其他人全滅也無所謂的方式，不如選擇自己和周遭都能存活的做法。找出與他人妥善共存之道，才能生存得長長久久。

法則 3

運氣好的人會採取優雅的行動

平常就要注意行爲必須優雅，例如：開關門時要小力輕聲、在商店付錢時要仔細有禮、開車迫不得已必須按喇叭時別按太多下、對親近的人說話要維持禮貌……等。

留意日常生活中的舉止是否有風度，有時會在勝負的關鍵時刻發揮作用。畢竟優雅的行爲，往往能帶來好的結果。

賽局理論（Game Theory）[2]中的「以牙還牙」策略便證明了這件事。

所謂的賽局理論，是以數學方式分析「在有多個當事人（決策者）參加價格競爭及議價等的狀況（賽局）下，各個當事人爲了自身利益或得到所需效用，會採取怎樣的行動，或應該要採取怎樣的行動」。數學家馮·諾伊曼與經濟學家奧斯卡·摩根斯特恩在二十世紀中葉建立了此理論的基礎。直至今日，於政策制定及商業實務上，該理論還是經常被應用來推導出最佳方針。

假設進貨的A公司和出貨的B公司進行議價。A公司希望買得越便宜越好，B公司則希望賣得越貴越好，如果只交易一次，A公司會以最低價格爲目標，B公司則以最高價格爲目標。但考量到日後的交易，這並非上策，基於A公司和B公司的關係，應有互相追求的利益中「最平衡的理想價格」存在才對，而賽局理論便能以公式將其推導出來。

賽局理論的「以牙還牙」策略，是指在賽局中，以「基本上採取與對方合作的路線，若對方背叛我方，我方也背叛；但若對方恢復合作，我方也立刻恢復合作」的方式競爭，使雙方的利益最大化。

假設有兩個人用猜拳的方式計分爭勝負，不過，猜拳時只能出石頭和布。而根據自己和對方所出的組合，可獲得的分數（括號內）如下：

【模式1】　石頭（2）　對　石頭（2）

【模式2】　石頭（0）　對　布（3）

【模式3】　布（3）　對　石頭（0）

【模式4】　布（1）　對　布（1）

在此情況下，若是以獲勝爲唯一目標，一直出布即可；但如果希望雙

2　一九四四年由數學家馮·諾伊曼（John von Neumann）與經濟學家奧斯卡·摩根斯特恩（Oskar Morgenstern）於著作《賽局理論與經濟行為》（Theory of Games and Economic Behavior）中提出的經濟學理論。

方都盡可能獲得高分，一直出布並不是好辦法。這時，便應該要採取「合作路線」。

所謂的合作路線，是在遊戲一開始時就先出石頭。只要對方也出石頭，我方便繼續出石頭；但若對方出了布，下一次，我方就改出布。對方出布，我方也出布；一旦對方恢復出石頭，我方也恢復出石頭。這個方法能夠獲得最高分。

也就是說，不先發制人以求勝，反而要落後對方一步。不用凶狠無情的方式，而以優雅、有風度的方式競爭，這樣最終對雙方都有利。

如此的競爭方式，也完全可以應用在我們的日常生活。

像是委託部屬做事時、向主管提出想要休假的請求時、請另一半分擔家務時、對鄰居發出的噪音感到困擾而請求對方降低音量時……等等。

別為了讓自己佔優勢，就先發制人以求勝，而是要以最終雙方互惠互利為目標，採取具社會性、優雅有風度的行為。

如果隔壁鄰居突然衝過來大罵「吵死了」，想必你也會莫名地火大起來；但如果對方是有禮貌地說「不好意思，我對聲音比較敏感」的話，你應該就會願意傾聽了。

比起粗魯的言行，有風度的行為才更能夠打動人心。

法則 4

運氣好的人會為對手的成長祈禱

在你的身邊，是否有稱得上競爭對手的人呢？

如果有，你是否能夠衷心地盼望那個人成長呢？

假設那人要和你爭取同一個晉升職位，或是同一個運動隊伍的先發資格，或是同一個喜歡的對象……等等，要眞心地盼望競爭對手成長可能很困難，甚至或許「希望對方輸」才是你內心眞正的想法。

但請把這樣的想法打包丟掉，然後由衷地祈求對手成長。因爲，這也會讓你自己成長——畢竟人類的大腦本來就喜歡共存。

現代人類是在距今約兩萬五千年左右的時候出現，至今爲止，一直都和其他的動植物共存著。

確實在最近百年，因爲人類的自私任性，導致生存環境受到威脅，甚至瀕臨滅絕的動植物不在少數。可是在漫長人類史中的絕大多數時候，人類一直都是與其他動植物共享環境、共同生存的。反過來也可以說，人類其實是因爲與其他的動植物共存，才得以存活下來。

美國的神經醫學家保羅・麥克萊恩曾提出「三重腦」（Triune brain）[3]理論，認爲「人類的大腦是隨著行爲風格的改變進化而來」。

3 一九九〇年於《三重腦的演化》（The Triune Brain in Evolution）中提出，用以描述脊椎動物前腦與行為的演化過程的模型。

他把大腦分成以下三個部分：

【爬　蟲　腦】由腦幹、視丘的一部分、紋狀體等構成。負責呼吸、心率、體溫的調節、反射動作、感官訊息的處理等基本維生功能。

【舊哺乳類腦】由杏仁核、下視丘、海馬體等大腦邊緣系統構成。負責記憶與學習、恐懼、焦慮、快樂、逃避危險的反應等。

【新哺乳類腦】為大腦新皮質的一部分。負責思考、語言、適應力、計畫性等。

麥克萊恩建立了一個「人腦是從爬蟲腦↓舊哺乳類腦↓新哺乳類腦的順序進化而來」的假設。簡單來說，最老的爬蟲腦是「追求個體生存」的腦；舊哺乳類腦是從個體的維生再進一步、為了「維持物種的生存」而運作的腦；新哺乳類腦，也被稱做是最像人的腦，是追求社交關係順暢的腦，亦即是「以共存爲目標」的腦。

人類的腦可說是從保護自己的生命開始，朝著與他人共存的方向，一路進化至今。**換言之，與其爭鬥並擊敗他人，以共存為目標更能讓大腦發揮高度效能**。

所以，我們也要爲對手的成長而祈禱。

如果對方是同一種運動項目的競爭者，就要希望對方能有最好的表現，並想著自己也要拿出最好的表現去應戰。

如果對方是以同一所大學或同一間公司爲目標的競爭者，就要祈禱能和對方一同奮鬥，一起考上。

但如果是和對方喜歡上了同一個人，那麼，要祈禱對方成功可能就有點困難了。這種時候，請稍微換個角度，試著期望意中人、對手和自己三人都能朝著最理想的方向發展。盼望三個人的幸福，應該會比只盼望自己幸福，更能讓大腦發揮力量才對。

法則 5

運氣好的人會做利他的行為

你能在多大程度上爲他人而活？若是要你把自己的利益暫且放在一邊，做出造福他人的利他行爲，你能做到什麼程度？

此程度的高低，大幅左右了一個人的運氣好壞。

這是因爲做出利他行爲會讓人的大腦發生很多好事，其中之一，就是能刺激大腦的獎勵系統。當你爲別人做了些什麼時，可能會獲得好評，被稱讚「眞的很棒」、「眞是個了不起的人」等等。而當人受到好評時，大腦便會感受到與收取現金時一樣的喜悅。

定藤規弘教授[4]的團隊已透過研究證實此事。該研究團隊以共19人、平均21歲的男女爲對象，使用特殊的磁振造影裝置（MRI），分別調查了玩紙牌遊戲獲勝而贏得獎金時，以及在小型的顯示裝置上看見讚美的文字時，大腦中的血液變化。

結果發現，兩種狀況都會使得部分「紋狀體」（Striatum）活躍起來。紋狀體與產生愉悅感的大腦迴路（獎勵系統）有關，換言之，大腦會把讚美當成「獎勵」。當獎勵系統受到刺激，自然殺手細胞就會變得活躍，也會對身體帶來好的影響，這點已被許多研究證實。

4 京都大學研究所醫學研究科博士。現為日本愛知縣岡崎市的自然科學研究機構「生理學研究所」之教授。

利他行爲不見得總是能被他人稱讚，畢竟默默行動的情況也不少。不過，即使沒有被任何人看見，自己還是看在眼裡。

而人的大腦裡有個叫「內側前額葉皮質」的部位，它會評價自己的行為。當這個部位把自己的行為評價為「做得好」、「了不起」時，就算沒被別人稱讚，還是能獲得很大的愉悅感。

那麼，因利他行爲而使得對方很開心的狀況又是如何呢？

每當詢問有過志工經驗的人「擔任志工時什麼讓你感覺最好」，往往會得到「對方顯得很開心的時候」、「聽到對方說謝謝的時候」這類回答。

這正是先前所提過的，由於腦內鏡像神經元的運作，使得大腦能夠像是感受到了自己的快樂一般，感受對方的快樂。

換言之，採取利他行為後，不僅讓自己獲得好評，還讓對方感到很開心時，大腦便會一口氣感受到多重的喜悅。

京都大學的藤井聰教授[5]曾在其著作中提到「能爲他人著想的人運氣會很好」。他進行了一項心理學上的研究，依據人內心深處所關注的重點來把人們分類，結果得出了「考量範圍越廣的人，運氣越好」的結論。所謂的考量範圍，是以當下的自己爲原點、人際關係和時間爲座標軸來衡量。

就人際關係而言，有些人的社交與心理距離較近，有些人則較遠。例如，家人和男女朋友就是距離最近的人。接下來是朋友、公司同事或學校同學、認識的人、陌生人，依此距離愈來愈遠。

而時間則是指所思考的未來。人不會只想著今天，還會思考未來，從兩、三天後到明年等等。除了自己之外，也會思考父母和子女的未來，甚至還有一些人會認眞思考整個社會的未來。

5 京都大學工學博士。現為京都大學研究所工學研究科（都市社會工學）的教授。

能考量的人際關係和時間範圍廣度，或許就決定了人的運氣好壞。只想著自己、只關心眼前得失的人，是考量範圍狹窄的人。除自己之外，也能考慮到家人、朋友、陌生人，甚至社會全體未來的人，則是考量範圍寬廣的人。

研究結果發現，考量範圍狹窄的人雖然還是能夠有一定效率地達到成果，但受限於短視，而無法建立合作性的人際關係。就整體而言，其人生往往有很多損失，難以獲得幸福感。

相反地，考量範圍廣大、具利他傾向的人，為了能持續建造良好的人際關係，會在自己周遭打造出穩固的社交網路，而這便會帶來好運。

不只是想著自己，也要關心家人和朋友。

不只是家人和朋友，也要關心公司裡的同事、部屬、主管。

不只是公司同事，也要關心附近鄰居、常去的超市或便利商店的店員。

不只是附近鄰居，也要關心不相識的同地區居民。
不只是自己居住的國家，也要關心住在世界各地的人們。
不只是現在，還要關心他們的未來。
爲了讓運氣變好，這是很重要的事呢。

法則 6

運氣好的人會
真心地稱讚別人的好

幸運的人擅長讚美他人。

不只是單純的讚美，而是會立刻且真誠地稱讚別人的好。

若覺得朋友穿的衣服很好看，就會馬上當面告訴對方：「你今天的服裝真是美極了。」若覺得朋友的想法很棒，也會直接說：「能有這樣的想法，你真的很優秀。」

能夠正確且坦率地讚美他人的人，會受到人們的喜愛。

華麗絲・辛普森[6]與英國國王愛德華八世[7]的「賠上皇冠的戀情」，讓她聲名大噪。兩人希望成婚，但基於辛普森曾經離婚，以及開始交往時還處於婚姻狀態等理由，導致這樁戀情受到英國王室、首相及多數國民的反對。愛德華八世被迫在國王寶座和辛普森之間做出選擇，結果他選擇了放棄王座、主動退位。這件事在當時被稱做是「二十世紀最大的醜聞」，也登上了日本報紙的頭條。

讓愛德華八世寧願放棄王位也要與其共度一生的華麗絲・辛普森，到底有何魅力呢？

有個說法是，她擁有非凡的讚美能力。

6 華麗絲・辛普森（Wallis Simpson，一八九六～一九八六），又稱辛普森夫人，美國社交名流。

7 愛德華八世（Edward VIII，一八九四～一九七二），英國國王，一九三六年一月二十日即位後，旋即因堅持與華麗絲・辛普森成婚，於同年十二月十一日退位，是英國歷史上在位時間最短的君主之一。

雖說只是個人的想像，但我覺得，或許愛德華八世是因爲辛普森的讚美，才第一次感覺到自己被認同爲一個「人」。

即位後就不用說了，對於以第一順位王位繼承人的身分出生的他來說，包括家人在內，周遭所有人應該都理所當然地把他當成「（將來的）國王」來對待。但除卻國王的身分，他也是一個人，而辛普森可能確實地看見了這個部分。她愛上的不是皇冠或頭銜等身外之物，而是愛德華八世這個人；或許就是由此所編織出的讚美之詞，擄獲了他的心。

辛普森的例子或許有些極端，不過，我們的確不會對稱讚我們的人感到厭惡，而會抱持好感。

那麼，爲什麼人一旦被某人稱讚了，就會對那個人產生好感呢？

這是因爲人的大腦本來就喜歡「社會獎勵」，其中包含被人讚美、獲得好評等等。有個叫「獨裁者賽局」（The Dictator Game）[8]的實驗，便證明了這件事。

此實驗以兩人一組的方式進行，先在兩人中選擇一位當獨裁者。接著，將一萬日圓交給獨裁者，告訴他：「請把這一萬日圓拿回去分給同組的另一個人。至於怎麼分，由你自行決定即可。不論分到多少，對方都無權要求更改，也不能拒絕。」

如果你是獨裁者，你會怎麼分這一萬日圓呢？

實驗結果發現，絕大多數人都是以接近「五比五」的比例來分這一萬日圓，亦即兩人各五千日圓，或者自己拿六千日圓、對方拿四千日圓，又或是自己拿四千日圓，對方拿六千日圓等，幾乎沒有人選擇只有自己獨拿的分法。

比起金錢，絕大多數人都更想獲得「那個人並不小氣」、「那個人很善良」之類的評價，也就是傾向於選擇社會獎勵，而非金錢報酬。

8　一九八六年由心理學家丹尼爾．卡內曼（Daniel Kahneman）等人提出的實驗模型。

換言之，能夠真誠讚美他人的人，就是在給予對方社會獎勵。於是，當然就會得到對方的喜愛。

所以，我們要多多讚美他人，把藏在心中的「了不起」、「好厲害」等感想坦率地說出口，讓對方知道。只放在心裡是不行的，直接以言語表達非常重要。

法則 7

運氣好的人會
容忍對方的缺點、讚美優點

雖說要讚美他人，但唐突或盲目地讚美會帶來反效果，還是有一些細節必須注意。

首先，要正確地讚美。

在自己也認同的方面受到稱讚，人才會覺得開心。如果認爲自己的缺點是太過粗枝大葉的話，就算被稱讚「你眞是心思細膩」，應該也只會一頭霧水，覺得「不太對吧」、「不是這樣啊」。人受到稱讚的時候，大腦中的獎勵系統會被刺激，而令人感到「心情好」；但若是被稱讚的部分「不太對」，就不會有這種效果。

其次，不要用膚淺而隨便的方式讚美。

舉個例子，我畢業於東京大學[9]，有的人一知道這件事，便會立刻稱讚說「妳好聰明」。但其實，被人這麼說並不會讓我覺得很開心，反而會讓我擔心對方是不是只看我的學歷，而沒有確實地了解我這個人。

第三，要對缺點寬容並予以稱讚。

有個兒童心理學的實驗如此進行：找來數名小學生，分成A、B兩組，並分別指派一位「導師」。兩組中分別都包含很會念書的小孩，和非常不會念書的小孩。

A組的導師會拼命稱讚擅長念書的C同學「眞是了不起」、「好優秀」，對極不擅長念書的D同學則說「爲什麼這麼簡單的題目也不會」、「你眞的很糟糕」。

B組的導師一樣拼命稱讚擅長念書的E同學「眞是了不起」、「好優秀」，但對於不擅長念書的F同學，則是找出其優點並予以稱讚，例如「你也許數學不好，可是對昆蟲很瞭解呢」、「你好會畫畫」。

在這種情況下，雖然C和E都同樣受到稱讚，可是E會有更強烈的愉悅感。因爲C在自己被稱讚而感到開心的同時，也會擔心「我要是書念得沒那麼好，也會被罵。要是被發現別的缺點，肯定會被罵得更慘」；而E則會覺得「就算我書念得沒那麼好，也能在別的方面得到認可。即使有缺點，也不至於被強烈指責」。

每個人都有優點也有缺點。而缺點被評價的方式，會讓愉悅程度變得大不相同。

---

9 日本最高學府，二〇二四年QS世界大學排名第二十八位。

假設另一半要稱讚你頭腦很好，同時指出你的時間觀念不甚嚴謹。那麼，「你雖然腦袋好，但時間觀念差這點眞的很糟糕，一定要改正才行」，和「要是腦袋好又總是很準時的話，我會很辛苦，所以算了，沒關係」，哪種說法會讓你比較開心呢？肯定是後者。

批評人的缺點很容易，但要容忍缺點，就得多花點力氣了。爲了受到他人喜愛，並進而與他人共存，這點相當重要。

法則 8

運氣好的人會妥善與焦慮共處

讚美這件事乍看簡單，但實際上，要能正確坦率地稱讚他人，內心必須從容有餘裕才行。如果心裡想的全是自己，必定無法冷靜地觀察別人，也很難注意到別人的好。

人心容易被「焦慮」佔據。考試會不會順利、工作會不會順利、另一半會不會背叛、錢夠不夠用、能否一直保持健康等，生活總是伴隨著各式各樣的憂慮與擔心。

一旦過度焦慮，別說是無法正確坦率地讚美他人了，甚至還會把自己的情緒發洩在周遭沒注意到的人，以及幫不上忙的另一半身上。所以，首先要想辦法處理焦慮。

當你覺得內心不再從容有餘裕時，請試試以下這些方法：

一，養成能讓血清素的分泌量增加的生活習慣。

增加血清素分泌的訣竅，在於早睡早起的規律生活、適度的運動，以及放鬆的泡澡時間[10]。

二，將焦慮視為「生理現象」。

據說，女性在生理期前尤其會有血清素分泌量減少的現象。因此，把焦慮視爲一種和肚子餓、生理期前的腹痛和腰痛等一樣的「生理現象」，也是個辦法。

與其想「不知爲何這麼焦慮」、「忍不住就擔心起來了」，不如想「不過是血清素的分泌量減少了而已」，這樣就能避免焦慮生出更多焦慮，以致於陷入惡性循環，也能於掌控自己狀態的同時，好好度過艱困的時期。

三，試著改變對焦慮的看法。

多數人可能都想著「要盡量消除焦慮」，但其實這也是人類生存的一種必要機制。正因爲會感到焦慮，所以才能提前準備並下功夫努力。思考「要是生病了怎麼辦」，所以檢討並改善生活習慣；思考「要是被列入公司的裁員名單怎麼辦」，所以拼命努力工作以免被裁員；思考「將來另一半可能會外遇」，所以先存點私房錢以防萬一……等等。

或許血清素的分泌量會受到抑制，是爲了不讓人類的大腦機制太過散漫。如此想來，焦慮也並不全然是壞事。

---

10 細節請參照本書第二章〈運氣好的人會早睡早起〉（第80頁）。

四，把焦慮收進盒子裡。

當莫名其妙感到焦慮時，從「客觀」的角度看待焦慮的自己，試著意識到「啊，我現在很焦慮」也滿有效的。

把焦慮想像成一個物體，從自己之中分離開來，並抱著它。或許確實有很多事情需要思考，但總之，今天先把它收進盒子裡，好好睡一覺，以後再煩惱吧。等睡飽之後，隔天打開盒子，焦慮往往就消失不見了。

法則 9

運氣好的人會在幫助別人時說「謝謝」

前面提過，運氣好的人不會試圖鬥倒他人、讓自己成爲唯一贏家，而是會試圖與他人共存。要讓幸運之神站在自己這邊，就必須在日常生活中採取利他行爲，體貼、理解、幫助他人。

需要注意的是，在幫助他人時，最好抱持著「感謝」的態度。

你或許會覺得：「不是被幫助的一方才應該要感謝嗎？」然而，應該心存感激的，其實是提供幫助的一方。

要爲別人做些什麼時，必須付出時間或勞力，有時甚至得付出金錢，乍看像是在自我犧牲。但實際上，幫助他人不僅能讓自己心情愉悅，甚至還能獲得社會獎勵。

之前提過，人類的大腦裡有個叫「內側前額葉皮質」的部位，會對自己的行爲進行評價。

例如踢開夥伴，以便自己飛黃騰達；或是搭電車時，明明有老人站在面前，卻假裝沒注意到……等等，如果做出欺騙他人或只讓自己獲益的行爲，往往會讓人覺得自己「做了壞事」，而感到心中隱隱作痛。相反地，行動時有想到夥伴，或讓座給老年人等，則會讓人覺得自己「做了好事」，而心情愉悅。

像這樣判斷自身行爲好壞的，就是內側前額葉皮質。一旦此部位做出「好行爲」的判斷，大腦內的獎勵系統便會受到刺激，而產生「啊，做了好事，心情眞愉快」、「我眞是了不起，我好厲害」等感受。幫助他人當然會被判斷爲「好行爲」，很多時候甚至還會受到對方的感謝，等於獲得社會獎勵。於是，人便會感到心情愉快。

幫助他人、爲他人著想時，也應該記住所謂的「互惠原則」。這是指人具備互相獎勵、報答的天性，只要被某人獎勵了，就會想要給予回饋。

例如，超市的食品區有時會有試吃活動，一旦從店員手上拿了試吃品，就算不太好吃，如果不買而離開，心中還是會覺得有些抱歉。如果一家子都試吃了，更是明明不想要，卻終究還是會買下去。

或者，收到朋友去旅行帶回來的土產時，就會覺得自己去旅行時也必須買土產回送，因而感到負擔。即使知道對方並不是期待有回報才送你土產，但不以某種形式表達感謝，心裡就是無法舒坦。

像這樣，一旦有人替你做了些什麼，你便會覺得「欠」了對方，而維持在這樣的狀態裡是非常不舒服的。因爲在潛意識中我們知道，有「接受付出而不回報的人會被討厭」這樣的社會懲罰存在。

換言之，「幫助他人」就是讓對方產生這種感受。對方心存感激的同時，也會產生「眞不好意思」、「想要答謝」的感覺。

幫助別人是值得尊敬的行爲，但請別忘了，這也會爲對方帶來心理負擔。因此，與其說是「給予幫助」，秉持「是對方讓我幫忙」的謙虛態度更好。

另外，來自幫助對象的謝禮，請務必欣然接受。因為讓對方「欠」了你，卻又不讓對方回報，會導致對方一直處於「有虧欠」的不舒服狀態，最終覺得你是個沉重的壓力來源。所以藉由接受謝禮，來讓對方心情輕鬆，也十分重要。

第 4 章

運氣好的人會
用自己的「幸福標準」
來決定目標與夢想

法則 1

運氣好的人會有具體的目標

運氣這種東西，總是給人強烈的不科學感。但，實際上，很多科學家也都渴望獲得「偶然的幸運」。

不久前，偶然力（Serendipity）一詞大爲流行。

根據《廣辭苑》的說明，偶然力是指「偶然發現意料之外事物的能力、招來幸運的能力」。如果再說得更簡單易懂些，就是「抓住偶然的幸運的能力」。

在科學的世界裡，因為偶然力而得以獲得重大發現的例子相當多，由白川英樹博士[1]所發現的導電塑膠（導電聚合物）便是一例——一次偶然的實驗失誤，為白川博士帶來了重大發現。

一九六七年，還在東京工業大學擔任助理的白川博士指示學生進行聚乙炔（一種塑膠）的合成實驗。合成要使用催化劑，但在某次的實驗中，催化劑的濃度出了錯。若是一般的催化劑濃度，合成後會呈現黑色粉末狀；但那次卻呈現「銀色薄膜狀」。白川博士並未將該薄膜當成失敗的實驗結果予以丟棄，而是試圖探究形成薄膜的原因，進一步反覆實驗，最終發現了這就是「能夠導電的塑膠」。

1 東京工業大學工學博士，筑波大學名譽教授。二〇〇〇年，因其於導電聚合物之發現與開發的開創性貢獻，與艾倫・黑格（Alan J. Heeger）、艾倫・麥克德爾米德（Alan G. MacDiarmid）共同獲得諾貝爾化學獎。

此外，田中耕一先生[2]也因實驗失敗而有了偉大的發現。田中先生於某次實驗中，沒有使用預設的溶液，而誤用了別的溶液。在將溶液混入超細金屬粉末時，他立刻發現了錯誤，但想著「只因爲弄錯就把粉末丟掉實在太浪費」，所以繼續進行實驗。結果這次的實驗，便帶來了新的發現。

這只是科學界衆多實例中的兩個而已。還有很多科學家大大發揮了偶然力，甚至不只是科學家，在各行各業也都有許多人掌握了意外的好運。

這些發揮了偶然力的人們，常被稱做是「幸運兒」。他們的共通之處，可說是都具有「提升運氣的關鍵」。

這個關鍵到底是什麼呢？

我認為，關鍵便是要「做好準備接住幸運之神所射出的幸運之箭」。

而在準備之中，最為重要的是「有明確的目標且時刻牢記」。成功發揮偶然力的人們，對於自己想做的事、想達成的目標，都具有強烈的意志。

據說白川英樹博士從國中開始就想要做高分子的研究，製造出新的塑膠。雖說這只是他想做的眾多事情之一，但若完全沒有這個念頭，就不可能發揮偶然力了。田中耕一先生的研究小組，則具有「分子量一萬之樣本的離子化」這樣遠大的目標。

一旦有了目標，就能做出具體的努力，所需的智慧及創意巧思也將由此而生。要接住幸運之箭，還有很多其他必要的準備，如好奇心、永不放棄的精神等，不過，一切都是從擁有具體的目標開始。

反過來說，若是沒有具體的目標，就什麼也開始不了。畢竟幸運之神根本就不會把幸運之箭射往沒有目標的地方。

---

2 東北大學工學部電器工學科學士，現任職於島津製作所。二〇〇二年，以「高分子軟雷射脫附法」（Soft Laser Desorption，SLD）與庫爾特·維特里希（Kurt Wüthrich）及約翰·芬恩（John B. Fenn）共同獲得諾貝爾化學獎，是此獎唯一的學士得獎者。

法則 2

運氣好的人會用自己的「幸福標準」來評估目標

設定目標之前，必須擁有屬於自己的「幸福標準」，而目標也要以這個「幸福標準」來評估並決定，這點非常重要。

不過，所謂的運氣好、運氣差，到底是指怎樣的狀態呢？

假設有人買彩券中了很多錢。如果只看「中了很多錢」這一事實，那麼確實運氣很好；但現實世界並非如此單純。這個人可能背著比獎金還要多的鉅額債務，也可能是已經握有數十億資產的有錢人。因爲彩券中獎導致親屬關係惡化，或人生發生巨變之類的故事時有所聞；相反地，也有人能有效運用這一大筆錢，而獲得更多幸福。

也就是說，運氣好壞無法客觀定義。處於事件之中時，要把它當成是運氣好或運氣差，終究只能由本人自行決定。

那麼，覺得自己運氣不好的人，到底為什麼會這麼想呢？

我認為主要原因之一，是他們不具有以「幸福標準」評估後的目標，以及以自身價值觀為基礎產生的想法。

而自身價值觀不明確的人，就容易受他人意見及社會價值觀的影響。

據說國外有一對在某個企業工廠工作的夫妻，買彩券中了幾十億日圓。這對夫妻中獎後，就用獎金買下了自己所任職的公司，打算從受雇者的身分華麗變身為雇主。沒想到幾年後，那間企業的負債就超越了他們的獎金，最終以倒閉收場。這對夫妻或許是被「雇主比受雇者更幸福」的社會價值觀給誤導了，也或許是被某人「乾脆把公司買下來」的意見給影響了。

不管如何，若他們原本就以自己的「幸福標準」評估過目標，應該就不會輕易做出買下公司的選擇。

對於身材出眾且容貌姣好的女性，不相干的外人往往會說出「去做模特兒吧」這類不負責任的意見。若本人有發現模特兒工作對自己的意義與價值，那麼，選擇模特兒這條路，應該就會得到幸福；但若只是受他人意見影響而成爲模特兒，那她早晚會對自己的職業產生疑問，苦惱的日子終究會到來。

若是沒有以自己的「幸福標準」評估目標，難得的機會與努力都會被浪費掉之外，還可能會受到他人意見和社會價值觀的影響，而誤解了金錢、學歷、頭銜、外貌等「工具」的使用方法，導致自己陷入只能用「厄運」來形容的狀態。

前一篇提到的田中耕一先生，在獲得諾貝爾化學獎時是四十三歲，職銜則爲「主任」。從社會的標準看來，過了四十歲還在當「主任」的人，可說已與平步青雲無緣。但，據說田中先生是刻意不選擇出人頭地之路的，因爲他很講究「實務」，認爲「親手做實驗、組裝設備，直接面對顧客說明產品，才是最寶貴的經驗」。如果田中先生不具備屬於自己的價値觀，或許就無法獲得這座「正因身處現場，才得以實現」的諾貝爾獎。

你想實現什麼樣的夢想呢？你的人生目標是什麼呢？

那是以你自己的「幸福標準」來評估的嗎？

想接住幸運之箭，首先必須確認這點。

法則 3

運氣好的人會不退出賽局

幸運的人總是堅持到底，絕不退出賽局。

人只要活著，就會加入各式各樣的賽局，例如考試及求職的賽局。結婚與家庭生活也可算是一種賽局，若是離了婚、關係破裂，家庭賽局便畫下句點。若是不再工作，工作賽局則告終。

而運氣好的人，絕對不會主動退出其自認爲是「我的戰場」的賽局。

所謂「我的戰場」，就是與「以自己的『幸福標準』所評估的目標或夢想」有關的賽局。

例如J．K．羅琳[3]雖然現在已是全球知名的作家，但在寫完《哈利波特》系列第一部《神祕的魔法石》時，還只是一名默默無聞的女性。

據說她從小就喜歡寫小說，但總是無法處在能夠專心寫作的環境中。婚姻不幸福、帶著孩子離了婚，生活艱苦，還爲憂鬱症所困。即使面對這些逆境，也沒放棄寫小說的羅琳，不僅徹底治好了憂鬱症，更於領取社會救濟金的同時，完成了《神祕的魔法石》。

後來成爲超級暢銷書的這部作品，在當時卻曾被十二家出版社拒絕，直到第十三家，才終於決定出版。結果，該作品成了世界級的暢銷書，也陸續推出續集。之後羅琳再婚，現在已是世界頂級富豪。

3 喬安娜．羅琳（Joanne Rowling，一九六五～），筆名J．K．羅琳（J. K. Rowling）及羅柏特．加爾布雷斯（Robert Galbraith），英國小說家、電影編劇及製作人，代表作為《哈利波特》系列。

有些人可能會說，她之所以能在眞實世界中達成這樣的夢幻故事，是因爲她本來就有天賦。這話當然沒錯，但如果羅琳半路就退出「成爲小說家」的賽局，不論再怎麼有才華，夢想應該也不會實現。

換言之，絕不退出賽局是很重要的。

這件事非常單純，幸運的人不會輕易放棄賽局。

話雖如此，可是一旦通往目標或夢想的路途充滿了失敗，想放棄也是人之常情。

不放棄的訣竅是，要想著「賽局總是如隨機漫步模型般進行」。

擲硬幣時，出現正面和出現反面的機率都是50%。假設擲一萬次硬幣，出現正面時就+1，出現反面時就-1，逐次把每個點都繪製出來。請想像將此做成圖表後的樣子。

那麼，這個點會如何移動呢？大部分人往往都會想像成以0爲中心，在一個狹窄的範圍內來回移動；但其實這樣的模型並不正確。該點可能在負1萬到正1萬的大範圍中移動，停留在以0爲中心的範圍內的機率很小。實際嘗試丟擲硬幣後，便會發現，該點通常都穩定落在正200至300，或者負200至300左右的位置。在前言已提過，這就是所謂的「隨機漫步模型」。

請試著把這想成是通往現實目標或夢想的路途。負向就像是在實現目標或夢想時，發生負面事件的時候；正向則是發生正面事件的時候。

和擲硬幣一樣，在通往目標或夢想的路途上，不斷發生負面事件或不斷發生正面事件的情況不在少數；但長期看來，必定都是由正負事件交織而成，正面事件大約佔一半，負面事件也大約佔一半。

所謂「運氣不好」的人，無法擁有這樣的長遠眼光。因此，在負面事件連續發生的時候，就容易退出賽局。

例如投資或賭博，連續賠錢的時候，有的人就是會想著要在最後一舉逆轉勝，而把資金全數投入，結果徹底輸光。自暴自棄、放棄目標與夢想的行為，便與此類似。

另一方面，運氣好的人即使遇上負面事件連續發生，也不會輕易退出賽局。他們會努力把損失降到最低，並為下一個機會做好準備。

不論是運氣好的人還是運氣不好的人，從長期看來，發生正面或負面事件的機率其實差不多。可是，運氣不好的人會半路退出賽局，運氣好的人則會堅持到底。結果，運氣好的人便會獲得更多好運，運氣不好的人則是運氣愈來愈差。

換言之，能否獲得好運，並非取決於一個人的天資，而是取決於「是否退出賽局」。

所以，請務必認知到通往目標或夢想的路途，總如隨機漫步模型般進行。負面事件也許會接連不斷發生，但轉為正面的時刻也終究會到來。為了轉變的時刻，你必須思考現在能做些什麼，並準備好迎接。反之，即使正面事件持續發生，也絕不能鬆懈，要朝著實現夢想努力邁進。總之，就是不能退出賽局，堅持到底。這可說是最終勝出的祕訣。

法則 4

運氣好的人會
知道大腦容易厭煩

雖說絕不退出賽局非常重要，但在任何賽局中，都會有試圖讓人放棄的敵人出現。

其中最大的敵人，叫做「厭煩」。這是因爲人類的大腦本來就具有「對單一刺激很快會習慣，而感到厭煩」的特性。

常有人說「持續就是力量」。儘管深深瞭解這個道理，但就是無法辦到，原因就在於大腦的這種特性。

該怎麼做才能讓大腦不厭煩呢？訣竅就是要妥善運用大腦的獎勵系統，並且不斷地給予其新的刺激。

就以語言學習爲例。你是否也曾有過「出了社會後，在語言學習方面受挫」的經驗？學習語言時，持續非常重要，偏偏這是最困難的。

我三十二歲時，因爲可能會到法國薩克雷核研究中心工作，於是需要學習法語。大學時，第二外語選的是德語，所以法語是從零開始。而從開始學法語到實際進入研究中心工作爲止，約一年的時間內，我勉強算是學到了能應付日常生活的程度。

我是怎麼學習的呢？首先，我具體思考了「會說法語能做些什麼」。例如，我可以一個人大大方方地走進法國的咖啡館，享受自己喜歡的飲料與蛋糕。也可以和當地的研究人員，針對自己有興趣的研究領域進行討論。而且，還能像大江健三郎[4]那樣，在獲得諾貝爾文學獎時用法語演講，眞的很酷……等等。想像過後，就決定了「我也要做到」。

一般人在學語言時，往往只會有空泛的想法，如「我想要變得能夠開口說」。但語言不過是溝通的手段之一，因此，必須具體思考「想用該手段做些什麼」、「想達成怎樣的狀態」，然後以其爲目標，不斷地在腦海中想像達成後的自己才行。

接著，則得思考爲了達成目標，「現在該做些什麼」？於是，我選擇先從發音開始學起。一旦知道發音規則，以往聽起來只像是干擾聲的聲音，突然都開始變得有意義，令人相當感動。

再來，爲了學習文法，我訂立了目標，要把一本薄薄的文法書背得滾瓜爛熟。一開始就選擇厚厚的參考書，很可能會導致半路放棄。而薄的文法書雖然內容少，但學完一本後，便會產生「徹底完成」的成就感。

當我學會了基礎後，開始想寫信給法國人，用法文來表達自己的想法。於是，我找了法國「筆友」，開始交換電子郵件。這是學習生活法語的絕佳經驗。

雖然當時沒有意識到，但我想這種學習方式很符合大腦的特性。因為是以「發音、文法、寫電子郵件」這樣的順序逐步改變方式、給予大腦新的刺激，所以雖然同樣都是學法語，但並不會感到厭煩。

此外，知道發音就能懂得詞彙的意義、學過文法就稍微能夠說個幾句，眞是有趣得不得了。我想這是因爲每當我的獎勵系統受到刺激時，身爲幹勁基礎的多巴胺便會分泌，因而讓我「想繼續挑戰下去」。

人腦具有「一旦因某種行爲而獲得愉悅感，就會記住該行爲，並爲了再次得到愉悅感，而重複同樣行爲」的特性。我在學法語的時候，就是利用了大腦的這種特性。

而要能夠不退出夢想的賽局，也可應用同樣的方法。

4 大江健三郎（一九三五～二〇二三），東京大學文科第二類法文系畢業。日本存在主義作家，有「川端康成第二」之美名，於一九九四年獲諾貝爾文學獎。

不斷思考「是不是能再多下點功夫」、「是不是還有這樣的方法可以努力一下」等，嘗試新的想法，給予一些大腦可能會喜歡的刺激，然後在執行的同時開心享受。

這就是讓大腦不厭煩的方法，也是更接近目標及夢想的辦法。

法則 5

運氣好的人會試著接受負面事件

能夠試著接受負面事件，是幸運的人的共通點。

運氣再怎麼好的人，也絕不可能從未遇過悲傷或痛苦的事。每個人的人生都會有失敗、挫折、傷心、離別等負面事件。

我認爲，運氣好的人和運氣差的人之間的差異，在於「負面事件發生在自己身上時的應對方式」。

例如捕捉了微中子的小柴昌俊博士[5]，在獲得諾貝爾獎的那陣子，常被稱做「強運之人」。

微中子是存在於宇宙中的基本粒子，據說是解開宇宙之謎的關鍵。儘管微中子總是大量落在地球上、穿透我們的身體，卻非常難以檢測。而小柴博士建造出了能夠檢測微中子的巨大裝置「神岡探測器」（原本用來確認質子衰變現象），於一九八七年二月首度成功探測到了微中子。

微中子於十六萬年前大麥哲倫星雲中發生超新星爆發時產生，經過十六萬年的時間，大量飛到了地球。而其被捕捉，是發生在小柴博士退休的一個月前，以神岡探測器開始進行觀測後不久。加上這些微中子還成功躲過了記錄觀測資料的磁帶的更換時間，能飛進神岡探測器中，可說是齊聚了各種好運。

當然，小柴博士並不是光靠運氣就捕捉到了微中子。他是先具備了多年來的充分準備、實實在在的努力、嶄新的創意及行動力等，最後才受到了幸運之神的眷顧。

但，他的人生也並不總是一帆風順。據說小柴博士小時候的夢想是成爲音樂家或軍人，然而就讀中學時，他罹患了小兒痲痺症，其後遺症讓少年小柴不得不放棄夢想。

不過，少年小柴在病床上遇見了物理學。當時學校的導師送了小柴一本《物理學的演進》[6]，而這使得他在數十年後獲得了諾貝爾物理獎。

田中耕一先生曾在求職時被他的第一志願（某家電製造商）刷掉。一心想著「要做一份對人類健康有助益的工作」的田中先生，在確定加入島

---

5 美國紐約羅徹斯特大學物理學博士、東京大學理學博士，東京大學最初四名特別榮譽教授之一。二〇〇二年，因其捕捉微中子並開拓了「微中子天文學」這一新的學術領域，而與小雷蒙德・戴維斯（Raymond Davis, Jr.）、里卡爾多・賈科尼（Riccardo Giacconi）共同獲得諾貝爾物理學獎。

6 《物理學的演進》（The Evolution of Physics），愛因斯坦、英費爾德著，最初由劍橋大學出版社於一九三八年出版。繁中版由商周出版（二〇二二）。

津製作所時，原本希望能被分派到醫療器材事業部；進公司後，卻被分派到了「中央研究所」。對此，田中先生說他一開始是有些失望的，然而在中央研究所進行的研究，後來卻讓他拿到了諾貝爾化學獎。

乍看是挫折，之後卻轉爲正面的情形，在我們身邊也並不少見。尤其，被說是幸運兒的那些人，很多也都曾經歷過負面事件。

他們的共通之處就在於，「遇上不好的事時，絕不自暴自棄」。想必會一時哀怨痛苦、沮喪憂鬱，也可能會徹底崩潰，但絕不自暴自棄。不鬧脾氣，也不放棄一切，姑且接受負面情況，然後開始思考「接下來該怎麼辦才好」。

而運氣不好的人，則是太過在意負面事件，總覺得「唉，眞衰，完蛋了」，而變得自暴自棄，有放棄一切的傾向。

其實負面事件也有很多種，各個情況大不相同。有些給人很大的打擊，有些只是小小的創傷而已。不過絕大多數，從大局來看，都只是短期波動、偶然發生在你眼前罷了。

因此，即使發生負面的事，也不要太在意其結果。與其抗拒，不如試著姑且接受現實。或許不容易，但總之要先努力試試，然後思考該如何利用這樣的狀況。

我想能做到這點的人，便可稱得上是幸運兒。

法則 6

運氣好的人會
在腦中意識到夢想

假設有一天你買彩券中了三億日圓，你會把這三億用在哪裡呢？答案不可以是「存起來」。

你能立刻回答出來嗎？

如果可以，那你就算是幸運的人。

夢想能否實現、能否接住幸運之箭的關鍵，其實就在這裡。

能實現夢想、發揮偶然力的人，會在腦海中思考自己的目標，並想像實現後的狀態。

雖說很多目標及夢想是金錢買不到的，但在實現的過程中，金錢往往能提供很大的幫助。總是思考著自己夢想的人，應該會想把意外獲得的三億日圓立刻用於實現目標。更精準地說，第一段的意思是「能立刻回答要將獎金用於實現目標的人，就是幸運的人」。

其實，「對著流星許願，願望就能實現」背後也是類似的道理。並不是流星幫忙實現了願望，而是「在腦海中思考自己目標的狀態」，讓自己得以更接近它。

所以首先，要清楚找出自己的目標與夢想。

正如先前提過的，最重要的是要設定以自己的「幸福標準」評估的目標。確認自己是否全盤接受了社會價值觀或他人意見？是否不經思考就設定了目標？

此外，務實也很重要。目標與夢想如果不切實際，大腦就會對此有所反應，無法有效激發動力，進而產生「幹勁」。

例如「想回到江戶時代」這樣的夢想根本不切實際，但「想實踐江戶時代的飲食習慣」、「想在江戶時代的書籍文獻包圍下生活」這類願望就很務實了。

還有，別把手段與目的搞混，這點也很重要。

「希望能中大獎」、「希望能考上想讀的大學」、「希望可以更瘦一點」等，或許都是很標準、常見的願望，但這些其實不能說是願望。金錢、學歷、身材，不過是實現目標或夢想的手段罷了，而你要想的，應該是在那之後的部分：爲什麼想中大獎？爲什麼想考上那所大學？爲什麼想變瘦？要把原因弄清楚。

一旦目標或夢想變得明確，就開始在腦海中持續意識著它。

不過，因為大腦具有「容易忘記」的特性，所以為了避免遺忘，「寫下來」也是個有效的辦法。

常有人說，把目標或夢想寫下來會比較容易實現。也有人說，若是有想要的東西，最好將其照片或圖畫貼在身邊。

其實這和大腦內的神經傳導物質多巴胺有關係。多巴胺會在人感到幸福或喜悅時分泌。看著寫有目標或夢想的紙張、想要東西的照片時，大腦就會自然地想像該目標或夢想實現，或者得到該物的時候。

在想要新衣服的時候翻閱時尚雜誌，若是看到自己喜歡的衣服出現在雜誌上，便會興奮起來。這是因爲大腦在想像得到這件衣服時的情境，而感到喜悅的關係。

實際上，大腦具有「期待獎勵時會感到快樂」的特性，其快樂程度和實際獲得獎勵時相同，甚至可能更高。這樣的快樂能打動人心。

看著寫在紙張上的目標或夢想時也一樣。一旦開始想像實現後的景象，大腦會感到愉悅，多巴胺便跟著分泌。然後，與「幹勁」密切相關的多巴胺，就會促進達成目標及夢想的行動。

所以，把目標或夢想寫下後，請頻繁地看一看它。持續地看，直到能自然想像出實現後的狀態。

如此一來，即使某天突然中大獎了，也不用煩惱，因爲你已經決定好要怎麼運用它了。

第 5 章

運氣好的人會祈禱

法則 1

運氣好的人會做積極正向的祈禱

暫且將具體的努力放在一邊，總之先祈求許願。

不一定要對著特定的神明。不論是祖先、老天爺，還是路邊的地藏菩薩都行。只要輕輕雙手合十，祈禱願望實現、運氣變好即可。

我覺得這樣也很好，因爲祈禱有時可爲身心健康帶來正面效果，進而提升運勢。

那麼，什麼樣的祈禱能爲身心健康帶來正面效果呢？

當你不只是為自己祈禱，也積極地祝願自己以外的他人幸福時，就會有正面效果。

例如，在新年參拜神社時，可能有很多商業人士都會祈求「希望今年業績也能蒸蒸日上」。這樣的祈求方式，就是只聚焦於自己的幸福。

祈求工作順利時應該要想想，自己的業績提升，能否也讓他人變得幸福？業績更好、薪水增加，或許就能實現一直以來想要全家一起出去玩的願望。而賣出優質的商品，也就是將便利和快樂傳達給顧客。

換言之，要思考在自己的願望實現之後，能否也為他人帶來幸福，並針對那個部分去祈禱。

以「希望業績蒸蒸日上」爲例，應該改成祈求「爲了能帶全家一起出去玩，希望工作業績提升」、「希望能爲許許多多的顧客帶來便利和快樂」等等。

若願望是「希望能遇見好對象」，就應祈求「希望能遇見讓爸媽也滿意的好對象」。而「想擁有一間透天厝」的話，則該祈求「爲了能讓孩子們住得舒適，想要擁有一間透天厝」、「爲了方便親友來玩時可以過夜，想要擁有一間透天厝」等等。

先前曾提過，我們的大腦裡有個叫「內側前額葉皮質」的部位，會對自己的行爲進行評價。其實，大腦對於祈求的內容也會做出好壞評判。

而祈願別人也能幸福，肯定比只想到自己的願望更好。「想把別人踢下去」、「希望那個人輸掉」之類負面的祈禱方式，必定會被判斷爲「壞的祈禱」。

一旦大腦判斷爲「好的祈禱」，β-內啡肽、多巴胺、催產素等快樂物質[1]便會分泌。其中，「β-內啡肽」具有活化大腦的作用，可提高免疫力、預防各種疾病。目前已知，一旦分泌出β-內啡肽，人的記憶力甚至還會提升，專注力也會增加。另外，催產素也具有提升記憶力的功效[2]。

當大腦判斷爲「壞的祈禱」時，則會分泌名爲「皮質醇」的壓力物質。皮質醇對人體來說是一種必要荷爾蒙，然而一旦過度分泌，於大腦記憶迴路中擔任核心角色的「海馬體」（Hippocampus）便會萎縮。

話雖如此，但也不建議太過勉強地想著別人的幸福。

畢竟內側前額葉皮質還挺嚴格的，它會看穿謊言。即使刻意加油添醋地爲他人祈禱，如果並非眞心誠意，大腦還是會判斷出「這是僞善」，不將其視爲積極正向的祈禱。

因此，祈禱時雖要考慮到他人的幸福，但絕對不要強迫自己。這樣才能爲自己的身心帶來正面效果，進而讓願望更容易實現。

1 泛指大腦內的神經傳導物質中，能帶來幸福感或愉悅感的物質。
2 參考本書第二章〈運氣好的人會用大量的愛來栽培他人〉（第88頁）。

法則 2

運氣好的人會為更多的人祈禱

不只是為自己，能考慮到其他人的幸福，並為人們而祈禱的人，會更容易實現願望。

以「希望能存下更多錢」這樣的願望爲例。它能激勵你省錢，也能成爲目標，因此絕非毫無意義。但光祈禱是存不了錢的，對吧？實際上能否存錢，取決於祈禱後如何採取行動。

只想著自己幸福的人，和能把更多人的幸福納入眼界的人，在行動上會有所差異。而差異最大之處，是面對困境的時候。

假設你雖然想存錢，但任職的公司卻倒閉了。由於是小公司，所以陷入全體員工都必須離職的狀況。這種時候，只爲了自己而存錢的人比較容易出現「公司都倒了，哪有辦法存什麼錢」、「認眞想想，我只要能養活自己就好，根本也沒必要存那麼多錢」等想法，於是放棄目標。

但爲了家人、爲了夥伴、爲了員工等更多其他人而存錢的人，就無法如此輕易放棄。他們會爲了別人拼命想辦法努力。

Panasonic創辦人松下幸之助先生，曾在其著作《決断の経営（暫譯：決策管理）》中寫道：「當與供應商或客戶進行近乎不可能的商業談判時，我就會想起員工們滿頭大汗的臉。」

在公司的經營上，有時必須對供應商或客戶做出難以啓齒的要求，且該要求在短期內不太可能爲對方帶來好處，但若不提出，自家公司就會活不下去。而據說在做出這種無理的要求時，松下先生的眼前都會浮現員工的臉。若是只爲自己，他應該會立刻放棄，要求速速離開；但在他身後有著好幾百名員工，如果當下放棄，那些拼命工作的員工們的努力就都將付諸流水，所以絕不能退縮。「我賺錢可不是爲了自己，是爲了員工們啊！」他是這麼想的。

比起只爲自己做飯，有其他人一起吃飯時，會更有下廚的動力。有人和自己一起因爲減肥成功而開心時，才有辦法持續下去。

在只爲自己的狀態下，不論做什麼，大腦裡都不會發生太大的變化。然而，在爲了他人而行動時，大腦會判斷你「做出了好的行爲」，於是分泌出快樂物質。**換言之，為他人所採取的行動更能讓我們愉快地動起來，而讓你努力的他人越多，腦內的快樂物質也分泌得越多。**

因此，在祈禱時，請試著爲更多人著想、爲更多人而祈求。這正是讓願望更容易實現的秘訣喔。

法則 3

運氣好的人會為敵人的幸福祈禱

祈禱時不只是爲自己，還要考慮到他人。能爲越多人的幸福祈禱越好。

做到這點後，還建議你進一步挑戰「爲敵人的幸福而祈禱」。

是否有一些人讓你覺得很難相處、有點討厭呢？

雖說打定主意「完全不去想那些人的事」也是個辦法，但出乎意料地，

人總是會經常想到那些難相處的、討厭的人。

在想到討厭的人時，大腦會分泌名爲皮質醇的壓力物質。先前也已提過，皮質醇是人體的必要荷爾蒙，然而一旦分泌過度，便會出現不良作用，使血壓和血糖值上升，導致免疫功能降低，甚至對記憶及精神造成影響。

然而，若是能徹底轉念，爲討厭的人祈求幸福，大腦便會分泌出快樂物質，對身心帶來好的影響。

話雖如此，但要改變想法可沒那麼容易。我有時也會莫名其妙地一直想著自己討厭的人。這種時候，我都會參考釋迦牟尼對提婆達多的態度。

提婆達多是釋迦牟尼的堂兄弟，似乎是個很優秀的人，但對釋迦牟尼有著強烈的嫉妒心，據說曾多次試圖謀殺他，甚至帶走了釋迦牟尼的五百名弟子，脫離原本的僧團，自行另創新僧團。

他對釋迦牟尼來說，可稱得上是如「敵人」般的人物。然而，《法華經》中卻寫著，釋迦牟尼宣稱：「提婆達多是我前世的老師。將來，他會成爲天王如來佛。」

另外，爲爭取西藏的自由及民主而進行各種運動的第十四世達賴喇嘛，雖然和西藏人民一同受到來自中國的嚴重迫害，但他表示「絕不會對中國人本身懷有仇恨情緒」、「敵人可說是我們的師父，是我們的老師。敵人的存在十分寶貴。在人生的艱苦時期，敵人是能讓我們獲得有用經驗，並強化內在的最佳機會」[3]。

要達到釋迦牟尼或達賴喇嘛的境界很難，但可以試著貼近那樣的想法。冷靜想想，那些我們討厭的人，往往能成爲負面教材。有時我們也會在自己身上發現和那些討厭的人一樣的個性，而這便是修正自己的機會。因此，他們眞的可說是我們的「老師」。

以這樣的方式思考對討厭的人的看法，是不是就變得不太一樣了呢？

3 出自《奇跡を呼ぶ100万回の祈り（暫譯：呼喚奇蹟的100萬次祈禱）》，村上和雄著。

當然，你不必突然強迫自己爲討厭的人祈求幸福。畢竟就算你勉強自己這麼做，大腦也會看穿，判斷「這是在說謊」。

但要試著努力，一點一滴地改變對於討厭的人的看法。如此一來，大腦也會逐漸朝著好的方向變化。

法則4

運氣好的人會為生病的人祈禱

當家人或朋友等親近的人病倒時，我們都會很自然地祈求，希望對方能「早日康復」。這正是在爲他人祈求幸福，而我是相信其效果的。

你知道「安慰劑效應」（Placebo Effect）[4]嗎？

4　一九五五年由亨利・畢闕（Henry K. Beecher）於《美國醫學會雜誌》（Journal of the American Medical Association，JAMA）提出的理論，指病人雖然獲得無效的治療，但卻「預料」或「相信」治療有效，而讓症狀得到舒緩的現象。

「Placebo」一詞，中文一般翻成「安慰劑」，通常在開發新藥時用於進行其效果的判定。安慰劑的外觀看起來和眞正的藥物一模一樣，但內容物只是固體糖粉錠劑之類的東西，完全不含任何具藥效的成分。

在確認新藥效果的實驗中，會把受試者分成兩組，一組給予新藥，另一組則給予安慰劑。安慰劑組並不會知道自己拿到的是安慰劑，研究人員會將其當作眞正的藥物解釋功效後給藥。

實驗結果卻發現，安慰劑組有30％左右的人，因爲「相信這個藥有效」，而在服用後眞的出現了本不應出現的藥物成效。

此外，在精神科醫師李・帕克[5]和里諾・柯維[6]於一九六五年所進行的實驗中，則是由醫生於給藥時告知病患：「這雖然只是糖粉做成的錠劑，但和你有相同症狀的人連續服用三週後，症狀就改善了。」

結果在此實驗中，也有30％左右的人出現了本不應出現的效果。亦即，就算本人知道那是安慰劑，仍因爲相信醫師的話而出現了藥效。

另外還有所謂的「反安慰劑效應」（Nocebo Effect）[7]。這是指即使在醫學上無害，然而一旦病患本人相信有害，便可能導致其生病甚至死亡的現象。例如在給藥時告知患者「可能會出現這樣的副作用」，那麼，即使給的是安慰劑，有時仍會眞的出現副作用。

或者假設持續服用某特定藥物的患者深信該藥物有效，則當患者一心以爲「醫生不再給我那種藥了」時，就算實際上醫生還是有繼續給他同樣的藥物，該效果仍可能消失。

就像這樣，光是主觀想法，便足以讓人的身體出現各種變化，甚至可能攸關生死。想必「相信」的力量越強，這種變化的幅度就越大。

而我認爲，「來自他人的祈禱」能夠進一步增強這種「相信」的力量。

---

5 李・帕克（Lee C. Park，一九二六～），美國精神病學研究者、臨床醫師。
6 里諾・柯維（Lino Covi，一九二六～二〇一四），義大利精神病學研究者、臨床醫師。
7 一九六一年由沃特・甘迺迪（Walter Kennedy）於《醫學世界》（Med World）提出。

假設有個人病倒了。他可能會覺得自己「活不了多久」，卻同時抱著一絲希望，想著「但還是很想活下去」、「也許還有活下去的機會」。這時，他的家人拼命爲他祈求「希望他一定要活下去」。而本人看見家人拼命爲他祈禱的樣子，便會開始覺得「爲了自己的家人，無論如何都必須活下去才行」。

他會認知到自身生命的意義。而這樣的認知，有時就會眞的成爲活下去的力量。

透過鏡像神經元的運作，生病的人也可能受到祈禱者正向心態的感染。一旦發現生命的意義，大腦的獎勵系統便會受到刺激，這時，自然殺手細胞等免疫細胞會活化，疾病就可能因此痊癒——也就是說，我們可藉由衷心的祈禱，讓對方的身體產生變化。

當然，絕對沒有只靠「祈禱」就能治好所有疾病這種事。但祈禱有時可成爲治癒疾病的助力，這是個值得相信的事實。

—結語—

運氣好的人會把自己的大腦變成「幸運腦」

爲了讓運氣變好，先把大腦變成「幸運腦」是很不錯的辦法。

前面介紹了各種運氣好的人的共通思維與行動模式，以及能改善運氣的言行舉止。

所謂的運氣，不是你原本就具備的，也不是出生時就已決定的，而會隨著想法及行為模式而改變。若是如此，那乾脆就把決定想法及行為模式的大腦變成「幸運腦」就行了。

過去認爲人類一旦成年，腦細胞就不會再增加，只會不斷減少。人們以爲大腦取決於各自的基因，而基因就像是設計圖，大腦則依照著設計圖固定成形。

但在一九九八年，彼得·艾立克森[1]和弗雷德·蓋奇[2]卻發現，成人的大腦中也會形成新的「突觸」（神經細胞之間的連接部分）。他們取得住院病患的同意，於病患死後檢查其大腦狀況，結果發現海馬體的齒狀回處有神經新生的現象發生。

此外，目前也已發現，大腦若透過新的體驗而不斷接受刺激，便會產生變化。這被稱做「大腦可塑性（神經可塑性）」（Neuroplasticity）。

換言之，不論到了幾歲，大腦都還會持續發育。

1 彼得·艾立克森（Peter S. Eriksson，一九五九～二〇〇七），瑞典幹細胞神經科學家。對成人大腦海馬體的神經進行了開創性的研究。

2 弗雷德·蓋奇（Fred H. Gage，一九五〇～），美國遺傳學家。因在成人大腦中發現幹細胞而聞名。

那麼，該怎麼做才能讓大腦產生變化，變成「幸運腦」呢？

方法之一，就是「祈禱」。

先前已提過，好的祈禱能為大腦帶來正面影響。哪怕只有一次，只要打從心底而做，就能確實為大腦帶來變化。不過，若是期待大腦能產生足以影響日常行為與思維的變化，區區一次的祈禱是不會有效的。

一般認為人類細胞（皮膚和肌肉）的替換約需花費3個月的時間，而骨頭等較硬的組織則需要更長的時間。大腦幾乎都是由脂肪構成，因此腦細胞的更替應該也是3個月左右。

所以，想讓大腦產生變化，就要把「祈禱」變成一種習慣。

我建議大家可以早晚各一次，每天共祈禱兩次。在一天的開始和結束安排一小段審視、調整自己的時間，就能讓那一天發揮出對自身大腦成長最具價值的效果。

如果能早點就寢，獲取充足睡眠後起個大早，那就更棒了。一邊沐浴在晨光下一邊祈禱，可促進血清素分泌，讓人心情平靜。早晨比夜間更容易讓人產生積極正向的感覺，故可以放眼未來，專心祈求「將來想成爲的自己」、「想達成的目標」等。

附帶一提，最近的研究發現，當人類在腦海中生動地描繪未來時，海馬體就會變得活躍。海馬體是在「記憶迴路」中扮演著核心角色的部位，這表示在考試當天的早上祈禱，應該會很有效。

到了晚上，則是回顧一天、自我反省。思考爲了「想成爲的自己」、「想達成的目標」，今天做了些什麼努力？同時也反省沒做到的部分，想想明天能做些什麼。

要實現目標及夢想，就必須總是在腦海裡意識到該目標及夢想。養成每天祈禱的習慣，想必對此也會很有幫助。

不過，大腦具有「例行化（模式化、單調化）導向」的特性，即大腦會盡可能地增加「不需思考即可完成的事」。而「祈禱」這個行爲，也很容易受到此特性的影響。也就是說，你很可能不知不覺地變成靠慣性在祈禱，而這無法爲大腦帶來好的影響。所以，**每天都必須有意識地、確實地祈禱才行**。

爲此，你最好先決定好祈禱的姿勢、時間及場所。例如「早上的祈禱要在起床後，沐浴在晨光下的同時立刻進行」，而「晚上的祈禱要在睡前，以跪坐姿態靜下心來完成」等。

然後在每個早上和每個晚上，都衷心地做出美好的祈禱。只要能這樣持續下去，你的大腦就會出現好的變化，而逐漸成為「幸運腦」。

至此，我已在本書中寫出了各式各樣讓運氣變好的方法。是不是意外地並不難，似乎人人都做得到呢？在此誠心盼望本書能讓大家都抓住幸福，走上理想的人生之路。

參考資料

《ロスチャイルド家の上流マナーブック》，ナディーヌ・ロスチャイルド著，光文社出版。
《なぜ女は出産すると賢くなるのか》，キャサリン・エリソン著，SB Creative 出版。
《物理学はいかに創られたか（上）（下）》，アインシュタイン、インフェルト著，岩波書店出版。[3]
《生涯最高の失敗》，田中耕一著，朝日新聞社出版。
《なぜ正直者は得をするのか》，藤井聰著，幻冬舎出版。
《決断の経営》，松下幸之助著，ＰＨＰ研究所出版。
《奇跡を呼ぶ１００万回の祈り》，村上和雄著，SB Creative 出版。

3 繁中版為《物理學的演進》，愛因斯坦、英費爾德著，王文生譯，商周出版（二〇二一）。

運氣好的人，原來這樣思考，這樣行動

作　者　中野信子 Nobuko Nakano
譯　者　陳亦苓 Bready Chen
責任編輯　杜芳琪 Sana Tu
責任行銷　朱韻淑 Vina Ju
封面裝幀　Dinner Illustration
版面構成　黃靖芳 Jing Huang
校　對　葉怡慧 Carol Yeh

發 行 人　林隆奮 Frank Lin
社　長　蘇國林 Green Su

總 編 輯　葉怡慧 Carol Yeh
日文主編　許世璇 Kylie Hsu
行銷經理　朱韻淑 Vina Ju
業務處長　吳宗庭 Tim Wu
業務專員　鍾依娟 Irina Chung
　　　　　李沛容 Roxy Lee
業務秘書　陳曉琪 Angel Chen
　　　　　莊皓雯 Gia Chuang

發行公司　悅知文化　精誠資訊股份有限公司
地　址　105台北市松山區復興北路99號12樓
專　線　(02) 2719-8811
傳　真　(02) 2719-7980
網　址　http://www.delightpress.com.tw
客服信箱　cs@delightpress.com.tw
I S B N　978-626-7537-01-5
建議售價　新台幣380元
首版一刷　2024年8月

國家圖書館出版品預行編目資料

運氣好的人，原來這樣思考，這樣行動／中野信子作；陳亦苓譯. -- 首版. -- 臺北市：悅知文化精誠資訊股份有限公司，2024.08
208面；14.8×21公分
ISBN 978-626-7537-01-5(平裝)
1.CST: 人生哲學 2.CST: 生活指導
191.9　113010191

建議分類｜心理勵志